KYNOS RATGEBER

Französische Bulldogge

Nicola Poll

KYNOS VERLAG

DANKSAGUNG

An R. Soukup Zuchtrichter und Zuchtwart Französischer Bulldoggen Zwinger: Dukat Junior, der mir bei vielen Fragen zur Seite steht, Dr. Kinga vom Zwinger »Du Champagne« für ihre Ermutigungen, Dr. med. vet. Jürgens und Dr. med. vet. Zimmermann für das medizinische Fachwissen, Els und Fred von Muppys Place ein dickes Lob für ihre Hilfe in Holland, Ursula mit ihrer Bullybande für die vielen wunderschönen Gespräche mit unseren Bullys, Nicole und Pascha mit Einstein, und meinen Freunden Sandra und Aldo mit ihrem Bully Max, die ihren Hund zum Fressen gern haben und alle anderen Bullyfreunde, die ich nicht aufgezählt haben sollte.

ÜBER DIE AUTORIN

Nicola Poll hat vor zehn Jahren mit dem Ausstellen von Deutschen Doggen begonnen und lernte vor etwa sieben Jahren die Französische Bulldogge kennen und schätzen. Als begeisterte Ausstellerin ist sie mit ihren Bullys auf fast allen internationalen Shows vertreten, und das mit Erfolg. Ihre Zucht ist aus internationalen Spitzenzuchten zusammen gestellt, ihre Welpen baut sie mit viel Herz und Mühe zu erfolgreichen Hunden auf.

Gewidmet meinem Großvater Wilhelm Engh und meiner Tochter Vivien Engh.

Am Remelsbach 30, D-54570 Mürlenbach/Eifel
Telefon: 06594/653 · Telefax: 06594/452 · http://www.kynos-verlag.de

ISBN 3-933228-80-8

Druck: SIA Printfinder, Riga, Lettland

INHALT

1 Ein wenig Historie

Auf der Suche nach der Vergangenheit der Französischen Bulldogge führen uns die ersten geschichtlichen Spuren nicht etwa nach Frankreich, sondern in das peruanische Hochland. Die Professoren Max Hilzheimer und Richard N. Wegner machten im Jahre 1937 die fantastische Entdeckung, dass in Peru gut erhaltene mumifizierte bulldogartige Hunde, Skelette und Schädel ausgegraben wurden, die erstaunlicherweise eine Fülle

Die französische Bulldogge hat eine lange Ahnenreihe, die eigentliche Rasse entstand aber Ende des 19. Jahrhunderts in Frankreich.

»Cameroun Cmoudovo Srdce«, Besitzerin und Foto: Nicola Poll.

von Ähnlichkeiten zum Schädel und der Anatomie der Französischen Bulldogge des 20. Jahrhunderts aufwiesen. Diese heute ausgestorbene Hunderasse, die man als Chincha-Bulldogge bezeichnete, wurde von den Ureinwohnern Perus in Plastiken dargestellt. Die untersuchten Funde bewiesen, dass bulldogartige Hunde mit brachycephalem Schädel (verkürzter Gesichtsschädel) bereits zwischen 1100 und 1470 n. Chr. in Peru lebten. Peru wurde aber erst im 16. Jahrhundert von den Europäern entdeckt. Man kann davon ausgehen, dass auch in anderen Ländern unabhängig voneinander bulldogartige Hunde gezüchtet wurden. Um die endgültige Entstehung der heutigen Französischen Bulldogge zu erklären, kommen wir aber nicht an England vorbei.

ENTSTEHUNG DER FRANZÖSISCHEN BULLDOGGE

In England züchtete man in der Zeit um 1840 neben der großen Bulldogge, die, wie der Name schon sagte, zum Kampf gegen Bullen (Bull-baiting) eingesetzt wurde, auch einen kleineren Schlag dieser Rasse, der meist unter zehn Kilogramm wog.

Dieser Toy-Bulldog wurde in England aber immer ein wenig belächelt, der gute Engländer bevorzugte eben seinen großen Bulldoggenschlag, den er für seine kühne Unerschrockenheit im Kampf gegen den um ein Vielfaches größeren Bullen schätzte. Dieser Mut, das etwas schrullige Aussehen und ein gewisser sturer Eigensinn machten die englische Bulldogge schließlich mit »John Bull« zur Symbolfigur für den britischen Nationalcharakter.

Das alte England wurde etwa um die Zeit 1848-1860 von einer schweren Wirtschaftskrise heimgesucht, von der besonders die Textilbranche betroffen war. Die ausweglose Lage war Ursache für die Emigration englischer Spitzenklöppler in die Normandie und nach Belgien. Insbesondere im Raum von Calais siedelten sich viele der Emigranten an. Die hundeliebenden Engländer hatten jedoch ein großes Problem: Weil es in den Mietwohnungen und Häusern der neuen Heimat nur noch begrenzten Wohnraum gab, konnten sie nur noch dementsprechend kleine Hunde halten. Clevere Händler aus London und Birmingham erkannten den Bedarf und kauften in England größtenteils den kleineren Schlag der Bulldogge auf und lieferten sie den Emigranten in die neue Heimat nach - sozusagen als ein Stück heimatlicher Kultur.

In Frankreich erwiesen sich die kleinen Bulldoggen als brauchbar und wurden viel und gerne mit den landeseigenen Bulldogartigen gepaart, galt doch der englische Bulldog als Synonym für mutiges, unerschrockenes Wesen. Andere Quellen berichten, die Französische Bulldogge (oft liebevoll »Frenchie« genannt) sei in Frankreich nicht nur aus englischem Zuchtmate-

Die Entwicklung der Rasse im Spiegel der Kunst:: Oben eine englische Bronzeplastik eines "Toy Bulldog" von ca. 1890, unten eine zeitgenössische Skulptur. Gut erkennt man, wie sich die Kopf- und Kieferform von damals zu heute verändert hat.

Beide Bronzen. Sammlung Dr. Dieter Fleig.

rial entstanden, sondern auch bulldogartige Hunde aus Spanien hätten eine große Rolle gespielt. Diese besaßen im Gegensatz zu den englischen Bulldoggen mit ihren typischen »Rosenohren« oft Stehohren, die später für den »Frenchie« so typisch werden sollten. Wie dem auch sei, den in Frankreich neu entstanden kleineren Verwandten des English Bulldog bezeichnete man gegen Ende des 19. Jahrhunderts als »Terrierboule«. Etwa um das Jahr 1880 entstand ein loser Verein Gleichgesinnter, alle stolze Besitzer ihrer »Terrierboules«. In einer später erschienenen Rassemonographie wurden Metzger, Polizisten, Kaffeehausbesitzer, Kutscher, Marmorschneider und Lastenträger der Pariser Markthallen als Besitzer dieser Hunde aufgeführt. Ab 1885 traf man sich wöchentlich und züchtete seine kleinen Terrierboules. Der Verein hieß »Club Amical«, ab 1888 gab es eine eigene Satzung und ein erster Rassestandard wurde aufgestellt.

Als Zuchtziel galt damals, der Hund habe auszusehen wie ein kleiner Herkules und sollte gleich hoch wie lang, also quadratisch sein. 1896 wurde der Standard ergänzt durch die Anforderung, dass der Hund »Fledermausohren« haben müsse. Diese großen, runden Stehohren wurden schon bald zum Markenzeichen der Rasse. Als 1893 wieder erste Importe von französischen Bulldoggen zurück nach England kamen, waren viele Engländer zunächst pikiert und fühlten sich in ihrer nationalen Ehre verletzt. Wie konnten diese Franzosen es wagen, den Bulldog, den britischen Nationalhund, anzutasten und nun auch noch mit ihrem Namen zu belegen? So schrieb die englische Lady Kathleen Pilkington zu diesem Thema: »Man kann nicht sagen, er habe sich während seines Aufenthaltes in Frankreich zum besseren entwickelt. Um 1893 kehrte er mit französischem Akzent zurück, mit ausgezeichneten Manieren, aber mit abscheulichen Fledermausohren und einem unangenehm vorstehenden Kiefer.« Engländer und Franzosen moch-

Ein Foto aus dem England der Wende vom 19. zum 20. Jahrhundert: So sah die Französische Bulldogge damals aus.

ten sich eben zu dieser Zeit nicht besonders! Jedoch konnten auch die Briten nicht verleugnen, dass dieser Hund sich nicht nur durch seine neuen Ohren von ihrem Bulldog unterschied, sondern dass die Franzosen ihn auch mit hervorragenden Manieren ausgestattet und die Streitlustigkeit der alten englischen Bulldogge völlig weggezüchtet hatten. Die engen Wohnmöglichkeiten erforderten eben gutes Benehmen!

Im Jahr 1898 wurde die Französische Bulldogge vom französisischen Dachverband für Hundezucht, der Société Canine, als neue französische Rasse anerkannt.

Der Siegeszug des charmanten Franzosen mit seinem typischen Fledermausohr war nun nicht mehr aufzuhalten. Als eine Art Pariser Mode eroberte sich die Französische Bulldogge gerade in den Großstädten, wie Berlin, Wien, London, Brüssel, New York die Herzen zahlreicher begeisterter Anhänger. Der durch die Fledermausohren völlig neue Hundekopf faszinierte

Die Französische Bulldogge wurde seit jeher als Begleit- und Gesellschaftshund gezüchtet.

»Resch Dukat Junior«, Besitzerin und Foto: Nicola Poll.

Erwachsene Französische Bulldoggen haben schon ihren Charme - aber die Welpen sind schlicht unwiderstehlich! *Foto: Nicola Poll.*

insbesondere die Damen, der Frenchie wurde zum Begleithund der Dame von Welt. So war beispielsweise Frau Sacher im Hotel Sacher zu Wien in ihrer Empfangsloge stets von ihrer Französischen Bulldogge begleitet.

Der deutsche Zuchtverein für Französische Bulldoggen wurde im Jahre 1909 mit Sitz in München gegründet.

Ein gewisser Max von Hartenstein gehörte im Jahre 1870 zu den deutschen Belagerern der Stadt Paris, wo er diese Rasse entdeckte und zu schätzen lernte. Er holte die Französische Bulldogge zehn Jahre später nach Berlin, wobei er nur das Allerbeste aus Paris mitbrachte. Die Kaufpreise für einzelne Exemplare gingen in die Tausende. Der hohe Standard, den Hartenstein mit seinen Importen setzte, erhob Deutschland zur führenden Züchternation seiner Zeit.

Im Jahr 1913 gewann unter 120 Konkurrenten die Hündin *Patrice Plavin* aus der Zucht von Hartenstein in Paris den Titel »Schönste Französische Bulldogge auf dem Kontinent«.

Nach dem Zweiten Weltkrieg erfolgte ein gezielter Neuaufbau der deutschen Zucht durch Importe aus Holland, Schweiz, England und Frankreich. Prinz Alexander von Ratibor und Corvey knüpfte an die großen Zuchterfolge von Hartenstein an. Die Hunde von Prinz Alexander von Ratibor und Corvey erfreuten sich international höchsten Ansehens, zum Leidwesen der deutschen Zucht verstarb mit ihm vor einigen Jahren einer der großen

Förderer dieser wunderbaren Hunderasse. Zum Glück gingen einige Exemplare aus der Zucht von Prinz Alexander von Ratibor und Corvey ins In- und Ausland und in die Hände von namhaften Züchtern, die mit dieser hervorragenden Zuchtlinie weiter arbeiteten.

DIE INTERNATIONALE ZUCHT

Die deutsche Zucht war durch die Einflüsse von Hartenstein und Prinz Alexander von Ratibor und Corvey viele Jahre hindurch für die Französische Bulldogge führend. In der heutigen Zeit sind Zwinger wie *Ka-Schu-Jas, von den Bourbonischen Lilien* oder *von der Brücke* Aushängeschilder der deutschen Zucht. Auch in Osteuropa haben sich einige Züchter in die Spitzenklasse hervorgearbeitet wie z.B. die Zwinger *Dukat Junior, Du Champagne* oder *Suveren,* die auf den internationalen Ausstellungen auf den obersten

Lorenzo du Champagne. *Foto: Dr. Kinga Jekelfalussy.*

Plätzen vertreten sind. Auch in den Beneluxländern wurde in die Spitzenzucht investiert, und das mit hervorragenden Ergebnissen: *de la Parure*, *du Coel*, *Mupps Place* oder *of little Bombadier* sind auf den Ausstellungen führend. Das gilt natürlich auch für viele andere Länder, wo sich gewisse Züchter durch ihre gute Zucht einen Namen gemacht haben und hervorheben.

Großer Beliebtheit erfreut sich die Französische Bulldogge seit langem auch in den USA. Die ersten Hunde dieser Rasse wurden dort bereits 1896 auf der Westminster Kennel Club Show gezeigt, 1897 wurde der French Bulldog Club of America gegründet. Um die Wende vom 19. zum 20. Jahrhundert war die Französische Bulldogge bereits die fünftbeliebteste Hunderasse der USA. Berühmte Persönlichkeiten dieser Zeit wie Rockefellers, Morgans oder Faulkners besaßen Französische Bulldoggen. Heute ist der »French Bulldog Club of America« (FBDCA) für die Betreuung der Rasse zuständig

TRAGISCHE BERÜHMTHEITEN

Auf eher tragische Weise gingen zwei Französische Bulldoggen in die Geschichte ein: *Ortino*, das Schoßhündchen der Prinzessin Tatjana Romanova aus der russichen Zarenfamilie, wurde am 16. Januar 1918 zusammen mit allen Mitgliedern der Zarenfamilie von den Revolutionären erschossen.

Eine Französische Bulldogge gehörte auch zu den Opfern der Titanic-Katastrophe. Ihr Besitzer, ein reicher Amerikaner namens Robert W. Daniels, überlebte und erstritt später von der Schifffahrtsgesellschaft die damals ungeheuer hohe Summe von 750 Dollar als Schadenersatz für sein wertvolles Tier.

DIE SCHATTENSEITEN DER BERÜHMTHEIT

Wenn eine Hunderasse sehr populär und modern wird, hat dies für die Rasse meistens nicht nur angenehme Folgen. Immer mehr Züchter produzieren immer mehr Welpen in der Hoffnung auf das große Geld, ohne sich um die Gesundheit der Hunde und die Verbesserung der Rasse zu kümmern. Anatomische Merkmale werden in der Zucht häufig extrem übertrieben, um auf Ausstellungen Erfolg zu haben - oft zu Lasten der Hunde. Leider besteht heute bei der Französischen Bulldogge durch zu enge Becken in Kombination mit zu großen Köpfen ein ernsthaftes Geburtsproblem, sodass beinahe alle Welpen nicht mehr auf natürlichem Weg, sondern nur noch per Kaiserschnitt zur Welt kommen. Hier ist in Zukunft sicher die Verantwortung der Züchter gefragt.

Auch das Merkmal der Kurznasigkeit sollte nicht zu stark übertrieben werden, da die Atmung ansonsten behindert wird.

2 So ist der »Bully«

Ein Paar enorm großer Fledermausohren, ein stupsnasiges Gesicht und zwei große schwarze Knopfaugen auf einem großen Kopf, der auf dem kompakten und muskulösen Körper eines kleinen Athleten sitzt - das ist der erste Eindruck, den man von einer Französischen Bulldogge gewinnt. Das Ganze ist kombiniert mit einem unglaublich offenen, neugierigen und freundlichen Wesen. Es ist wirklich nicht schwer, dem Charme einer Französischen Bulldogge zu erliegen!

DER RASSESTANDARD

Der so genannte Rassestandard ist das vom jeweiligen nationalen Zuchtverband festgelegte Idealbild, das Zuchtziel einer Hunderasse, an dem sich die Richter orientieren, wenn sie einen Hund auf einer Ausstellung bewerten. Je perfekter er diesem Standard entspricht, desto besser die Bewertung.

In Deutschland, der Schweiz und Österreich ist, wie in allen europäischen Ländern mit Ausnahme von England, der Standard der FCI (Fédération Cynologique Internationale) mit Sitz in Brüssel zuständig, England und die USA haben ihren eigenen, leicht abweichenden Standard.

Wer nicht mit seinem Hund züchten und ausstellen will, für den ist es natürlich nicht so wichtig, ob sein Freund perfekt dem Standard entspricht oder vielleicht ein paar Zentimenter zu groß oder zu klein ist, beziehungsweise eine unerwünschte Fellfarbe hat. Trotzdem ist es interessant, sich den Standard einmal genauer anzusehen, um zu verstehen, was die Besonderheiten der Rasse ausmacht.

Rassestandard der Französischen Bulldogge
FCI Standard Nr. 101 vom 06.04.1998/D

Allgemeines Erscheinungsbild: Ein typischer, kleinformatiger Molosser. Trotz seiner geringen Größe ein kräftiger, in jeder Hinsicht kurzer und gedrungener Hund, mit kurzem Fell, mit kurzem, stumpfnasigem Gesicht, Stehohren und natürlicher Kurzrute. Er muss den Eindruck eines lebhaften, aufgeweckten, sehr muskulösen Tieres von kompakter Struktur und solidem Knochenbau vermitteln.

Die Fledermausohren sind ein Markenzeichen der Rasse.
»Polly Dukat Junior«, Besitzerin und Foto: Nicola Poll.

Verhalten/Charakter (Wesen): Umgänglich, fröhlich, verspielt, sportlich, aufgeweckt. Besonders liebevoll im Umgang mit ihren Besitzern und mit Kindern.
Kopf: Der Kopf muss sehr kräftig, breit und quadratisch sein; die ihn bedeckende Haut bildet nahezu symmetrische Falten und Runzeln. Der Kopf der Bulldogge ist gekennzeichnet durch den eingezogenen Oberkiefer- und Nasenbereich; der Schädel macht an Breite wett, was er an Länge verloren hat.
Oberkopf Schädel: Breit, nahezu flach, mit stark gewölbter Stirn. Die vorstehenden Augenbrauenbogen werden durch eine zwischen den Augen besonders entwickelte Furche getrennt. Die Furche darf sich auf der Stirn nicht fortsetzen. Sehr wenig entwickelter Hinterhauptkamm.
Stop: Sehr stark ausgeprägt.
Gesichtsschädel: Nasenspiegel: Breit, sehr kurz, aufgeworfen; Nasenlöcher gut geöffnet und symmetrisch, schräg nach hinten gerichtet. Die Neigung der

Nasenlöcher und die aufgeworfene Nase (man spricht von »aufgestülpt«) müssen jedoch eine normale Nasenatmung erlauben.
Nasenrücken: Sehr kurz, breit; er zeigt konzentrisch symmetrische Falten, die auf den Oberlefzen abwärts laufen (Länge: $^1/_6$ der gesamten Kopflänge).
Lefzen: Dick, ein wenig schlaff und schwarz; die Oberlefze trifft die untere in der Mitte und verdeckt völlig die Zähne, die niemals sichtbar sein dürfen. Die obere Lefze ist im Profil fallend und abgerundet. Die Zunge darf nie sichtbar sein.
Kiefer: Breit, quadratisch, kräftig. Der Unterkiefer verläuft in einem weiten Bogen und endet vor dem Oberkiefer. Bei geschlossenem Fang wird das Vorstehen des Unterkiefers (Vorbiss) durch den gebogenen Verlauf der Unterkieferäste gemildert. Dieser gebogene Verlauf ist nötig, um ein zu starkes Vorstehen des Unterkiefers zu vermeiden.
Zähne: Die Schneidezähne des Unterkiefers dürfen auf keinen Fall hinter den oberen Schneidezähnen stehen. Der untere Zahnbogen ist abgerundet. Die Kiefer dürfen nicht seitlich verschoben oder verdreht sein. Der Abstand der Schneidezahnbogen kann nicht strikt festgelegt werden; von grundlegender Bedeutung ist, dass Oberlefze und Unterlefze so aufeinandertreffen, dass sie die Zähne völlig verdecken.
Backen: Die Wangenmuskulatur ist gut entwickelt, jedoch nicht hervortretend.
Augen: Aufgeweckter Ausdruck; tiefeingesetztes Auge, ziemlich weit vom Nasenspiegel und vor allem von den Ohren entfernt; von dunkler Farbe, ziemlich groß, schön rund, leicht hervorstehend und ohne jede Spur von Weiß (weiße Augenhaut), wenn das Tier nach vorne schaut. Der Lidrand muss schwarz sein.
Ohren: Mittelgroß, breit am Ansatz und an der Spitze abgerundet. Hoch auf dem Kopf angesetzt, jedoch nicht zu dicht beieinander; aufrecht getragen. Die Ohrmuschel ist nach vorne geöffnet. Die Haut muss dünn sein und sich weich anfühlen.
Hals: Kurz, leicht gebogen, ohne Wamme.
Körper: Obere Profillinie: Die obere Linie steigt stetig bis in die Lendengegend an, um dann rasch zur Rute hin abzufallen. Ursache für diese sehr angestrebte Form ist die kurze Lende.
Rücken: Breit und muskulös.
Lenden: Kurz und breit.
Kruppe: Schräg.
Brust: Walzenförmig und sehr tief, fassförmige, stark gerundete Rippen.
Vorbrust: Weit geöffnet.
Untere Profillinie und Bauch: Aufgezogen, jedoch nicht windhundartig.

Rute: Kurz, tief auf der Kruppe angesetzt, an den Hinterbacken anliegend, am Ansatz dick; Knoten- oder Knickrute; zum Ende hin verjüngt. Selbst in der Bewegung muss sie unterhalb der Horizontalen bleiben. Eine relativ lange (aber nicht über das Sprunggelenk reichende) und sich verjüngende Knickrute ist zulässig, aber nicht erwünscht.

Gliedmaße: Vorderhand: Läufe gerade und senkrecht, sowohl in der Seiten- als auch in der Vorderansicht.

Schultern: Kurz, dick, hervorstehende, feste Bemuskelung.

Oberarm: Kurz.

Ellenbogen: Unbedingt am Körper anliegend.

Vorderfußwurzel/Vordermittelfuß: Kräftig und kurz.

Hinterhand: Die hinteren Gliedmaßen sind kräftig und muskulös, sie sind etwas länger als die Vordergliedmaßen und überhöhen dadurch die Hinterhand. Sowohl in der Seiten- als auch in der Rückenansicht sind sie gerade und senkrecht.

Oberschenkel: Muskulös, fest, nicht zu sehr gerundet.

Sprunggelenk: Recht tiefgestellt, nicht zu stark gewinkelt, vor allem aber auch nicht zu steil.

Hintermittelfuß: Kräftig und kurz. Die Bulldogge darf von Geburt an keine Afterkrallen tragen.

Pfoten: Die Vorderpfoten sind rund, klein, so genannte »Katzenpfoten«; guter Kontakt zum Boden, leicht ausgedreht. Die Zehen sind sehr kompakt, die

Krallen kurz, dick und gut abgesetzt. Die Ballen sind hart, dick und schwarz. Bei gestromten Tieren müssen die Krallen schwarz sein. Bei den Farben »caille« (fauvegestromte Hunde mit mittlerer Weißscheckung) und »fauve« (falbfarbene Hunde mit mittlerer oder überhandnehmender Weißscheckung) werden dunkle Krallen bevorzugt, helle Krallen jedoch nicht bestraft. Die Hinterpfoten sind sehr kompakt.

Gangwerk: Bewegungsablauf frei; die Gliedmaßen bewegen sich parallel zur Medianebene des Körpers.

Haarkleid: Haar: Schönes, dichtes, glänzendes und weiches Kurzhaar.

Farbe: Gleichmäßiges Fauve, gestromt oder ungestromt, oder mit begrenzter Scheckung. Gestromtes oder ungestromtes Fauve mit mittlerer oder überhandnehmender Scheckung. Alle Abstufungen der Falbfarbe sind zulässig, von »Rot« bis hin zu »Milchkaffee«. Völlig weiße Hunde teilt man der Farbe »Gestromtes Fauve mit überhandnehmender weißer Scheckung« zu.

Wenn ein Hund einen sehr dunklen Nasenschwamm und dunkle Augen mit dunklen Lidrändern aufweist, so kann bei besonders schönen Exemplaren ausnahmsweise eine gewisse Depigmentierung im Gesicht toleriert werden.

Größe und Gewicht: Bei der Bulldogge in gutem Zustand darf das Gewicht nicht weniger als 8 kg und nicht mehr als 14 kg betragen, wobei die Größe im Verhältnis zum Gewicht steht.

Fehler: Jede Abweichung von den genannten Punkten muss als Fehler angesehen werden, dessen Bewertung in genauem Verhältnis zum Grad der Abweichung stehen sollte. Enge oder zusammengekniffene Nase, chronischer Schnarcher. Vorn fehlender Lefzenschluss. Depigmentierte Lefzen. Helle Augen. Wamme. Hoch getragene Rute, zu lange oder anormal kurze Rute. Lose Ellenbogen. Steiles oder nach vorn versetztes Sprunggelenk. Unkorrekte Gangarten. Zu langes Haar. Getüpfeltes Haarkleid.

Schwere Fehler: Bei geschlossenem Fang sichtbare Schneidezähne. Bei geschlossenem Fang sichtbare Zunge. »Trommelnder« Hund (steife Bewegung der Vordergliedmaßen). Depigmentierte Stellen im Gesicht, mit Ausnahme bei fauve-gestromten Hunden mit mittlerer Weißscheckung (»caille«) und falbfarbenen Hunden mit mittlerer oder überhandnehmender Weißscheckung (»fauve«). Übermäßiges oder ungenügendes Gewicht.

Ausschließende Fehler: Nasenschwamm von anderer Farbe als schwarz. Hasenscharte. Hunde, bei denen die unteren Schneidezähne hinter den oberen schließen. Hunde, deren Fangzähne bei geschlossenem Fang ständig sichtbar sind. Verschiedenfarbige Augen. Nicht aufrecht getragene Ohren. Ohren, Rute oder Afterkrallen kupiert. Schwanzlosigkeit. Afterkrallen an den hinteren Gliedmaßen entfernt oder vorhanden. Die Haarfarbe »Schwarz mit Brand«, »Mausgrau«, »Braun«.

Aufgeweckt und neugierig, so wünscht man sich den Bully. Foto: Dr. Kinga Jekelfalussy.

N.B.: Rüden müssen zwei offensichtlich normal entwickelte Hoden aufweisen, die sich vollständig im Hodensack befinden.

ZU WEM PASST DIE FRANZÖSISCHE BULLDOGGE?

Die Französische Bulldogge ist anpassungsfähig in jeder Situation, egal ob bei älteren Menschen oder einer Großfamilie. Sie ist schon mit kleinen Spaziergängen zufrieden, braucht aber natürlich trotzdem ausreichend Bewegung wie jeder Hund.

Auch Kinder liebt der Bully sehr, er ist immer freundlich und als Spielkamerad je nach Typ ruhig und gelassen oder auch sehr verspielt. Überhaupt sind Kontakt und Familienanschluss für ihn sehr wichtig, langes Alleinesein verträgt er nicht gut. Für eine Zwingerhaltung ist er überhaupt nicht geschaffen! Jemand, der sehr viel berufstätig und außer Haus ist, sollte sich deshalb lieber keine Französische Bulldogge anschaffen (und eigentlich am besten überhaupt keinen Hund).

Zu anderen Hunden pflegt der guterzogene Franzose gerne innige und tiefe Hundefreundschaften, wobei natürlich ausgeschlossen sein muss, dass er aus einer Massenzucht stammt, wo die Tiere verhaltensgestört heranwachsen. Als Familienhund kommen die positiven Eigenschaften des Bullys voll zum Tragen, ob er in der Stadtmietwohnung oder im großen Haus gehalten wird, spielt keine Rolle.

Sein kurzes und pflegeleichtes, kaum haarendes Fell ist ein weiteres Plus für die Haltung in der Wohnung, es macht ihn aber auch empfindlicher gegen Kälte oder Hitze. Besonders bei nasskaltem Wetter und Wind muss darauf geachtet werden, dass der Hund nicht friert.

Hitze verträgt der Bully leider auch wegen seiner rassetypisch kurzen Nase nicht gut. An warmen Sommertagen muss daher unbedingt darauf geachtet werden, dass der Hund sich nicht überanstrengt und sich an ein kühles Plätzchen zurückziehen kann. Natürlich darf man ihn (wie übrigens alle Hunde) auch niemals bei Sonne im parkenden Auto warten lassen, denn die Sonne erwärmt durch die Scheiben das Wageninnere so stark, dass die Temperaturen in Kürze unerträglich werden, Hitzschlag und beim wärmeempfindlichen Hund sogar der Tod können die Folge sein!

Auch für Ausdauersport am Fahrrad oder zu Fuß ist der Bully nicht der richtige Partner. Wer gerne viel und lange joggt, sollte sich besser nach einer anderen Rasse umsehen.

Dafür können Sie Ihren Bully als Gesellschaftshund, der er nun einmal ist, überall hin mitnehmen, und wenn es der gemütliche Biergarten ist. Ist ein Bully einmal auf sie fixiert, so wird er sie zu keiner Zeit aus den Augen lassen, er klebt förmlich an Ihnen und ist außerdem der aufmerksamste Zuhörer, den man sich vorstellen kann. Ab und zu bestätigt er Ihnen durch leises Grunzen, dass er ganz Ihrer Meinung ist. Ein Bully spürt genau, wenn Sie traurig sind und versucht stets, Sie mit seinen wunderschönen Kulleraugen zu einem Lächeln zu bewegen.

Das Größte für Bully ist es, neben Ihnen auf der Couch zu liegen und gekuschelt zu werden, manchmal lässt er dabei ein wohliges Schnarchen hören. Für jede Liebkosung ist er Ihnen ein Leben lang dankbar und er gibt sie mit der ganzen Liebe seines großen Hundeherzens an Sie zurück. Die Französische Bulldogge ist der Begleit-, Haus und Gesellschaftshund par excellence und passt deshalb gut in unsere moderne Welt.

DAS WESEN DER FRANZÖSISCHEN BULLDOGGE

Den Charakter eines Hundes bezeichnet man im Hunde-Fachjargon als »Wesen«. Die Französische Bulldogge ist nicht nur witzig, sie neigt auch in Stresssituationen immer dazu, die Situation mit ihrer typischen Verspieltheit aufzuheitern. In ihren Kulleraugen und in der Mimik, die durch die Falten im Gesicht verstärkt wird, spiegelt sich die ganze Palette der Gefühle wider, die in keinem Hundegesicht sonst so stark zum Vorschein kommt.

Der Bully versteht es, traurige Momente mit seinen Charme umzuwandeln und den Clown zu spielen, sodass man die Sorgen des Lebens vergisst. Was das tägliche Leben angeht, meistert der Bully jede Situation, ist nicht bösartig oder eigen, sondern für alles offen, und das bis ins hohe Alter.

Bullys verstehen es, Momente der Ruhe zum ausgiebigen Faulenzen auf dem Sofa zu nutzen, aber sobald sie merken, dass es etwas Neues gibt, sind sie quicklebendig und machen jeden Blödsinn mit.

Französische Bulldoggen mögen Kinder und spielen hingebungsvoll mit ihnen. Ihr niedliches Aussehen und verspieltes Wesen dürfen aber nie darüber hinwegtäuschen, dass auch diese kleinen Wesen echte Hunde mit den Bedürfnissen eines Hundes sind und keine Spieltiere aus Plüsch. Den Kindern muss deshalb unbedingt erklärt werden, dass man mit einem

Lebewesen respektvoll umgeht und es nicht an den Ohren oder am Schwanz zieht. Bullys sind geduldig, aber allzu raues Spiel wird selbst ihnen irgendwann zu viel! Wenn der Hund durch sein Verhalten zeigt, dass er nun genug vom Spiel hat und lieber in Ruhe gelassen werden möchte, müssen die Kinder das unbedingt verstehen und respektieren lernen. Kleinkinder und Hunde sollten aus diesen Gründen grundsätzlich nicht unbeaufsichtigt miteinander alleine gelassen werden.

Der Bully ist trotz seiner Kleinheit ein sehr guter Wachhund, der zuverlässig meldet, wenn jemand Fremdes das Grundstück betritt. Zum Kläffen neigt er dabei aber nicht. Besonders Rüden sind oft auch sehr mutig und können angreifen, wenn sie ernsthaft bedroht werden.

Wenn sie als Welpen gut sozialisiert wurden, das heißt möglichst viele positive Erfahrungen mit anderen Menschen und Tieren gemacht haben, vertragen sich Bullys auch gut mit anderen Haustieren wie zum Beispiel Katzen. Natürlich müssen beide erst vorsichtig und unter gutem Zureden miteinander bekannt gemacht werden. In der Regel fügt sich dann der Bully problemlos in die Familie mit all ihren zwei- und vierbeinigen Mitgliedern ein!

Wenn eine Französische Bulldogge als Welpe richtig sozialisiert wurde, kommt sie später mit den unterschiedlichsten Lebewesen gut zurecht.

3 Auswahl eines Welpen

Ehe Sie einen Hund, egal welcher Rasse, anschaffen, sollten Sie für sich folgende Fragen beantworten:

1. Können Sie sich lebenslang mit einem Hund arrangieren? Eine Französische Bulldogge wird im Durchschnitt zehn Jahre alt.
2. Können Sie sich Futter- und Tierarztkosten leisten?
3. Ist Ihr Haus groß genug, haben Sie einen geeigneten Garten?
4. Sind Sie dazu bereit, täglich, auch bei schlechtem Wetter, spazieren zu gehen?
5. Ist jemand die meiste Zeit des Tages im Haus, um sich um den Junghund kümmern zu können?
6. Sind Sie sicher, dass Sie einen Hund dieser Rasse möchten? Kaufen Sie keinen Welpen, nur weil Ihre Kinder einen haben möchten. Kinder werden schnell erwachsen, entwickeln andere Interessen oder verlassen das Haus, während Sie sich weiter um den Hund kümmern müssen.

Dem Charme eines Bully-Welpen zu widerstehen, ist schwer, aber bedenken Sie, dass Sie eine lebenslange Verpflichtung eingehen. Foto: Nicole Blümling.

Wenn Sie alle Fragen mit »ja« beantwortet haben, können Sie den nächsten Schritt in Angriff nehmen und nach der gewählten Rasse Ausschau halten. Nehmen Sie sich genügend

Vergewissern Sie sich, dass der Züchter seriös und gewissenhaft arbeitet und Ihnen gesunde Hunde anbietet.

Foto: N. Poll.

Zeit, um über Ihre Auswahlkriterien nachzudenken und sich in Ruhe umzusehen, bevor Sie eine Entscheidung treffen. Sie würden auch nicht das erstbeste Auto oder den erstbesten Mantel kaufen! Bedenken Sie, dass alle Welpen im Alter von sechs bis acht Wochen unwiderstehlich aussehen. Schauen Sie sich auch die erwachsenen Tiere an und vergewissern Sie sich, dass diese Sie ebenfalls ansprechen und zu Ihrem Lebensstil passen.

RÜDE ODER HÜNDIN?

Die Entscheidung ob Rüde oder Hündin ist letztlich nur eine Frage des persönlichen Geschmacks, da beide Geschlechter ihre guten und schlechten Eigenschaften besitzen. Ein Rüde wird sich in gewissen Altersstufen eher dominant zeigen, während eine Hündin einfühlsamer ist. Bei Raufereien wird die Hündin mit mehr Elan dabei sein, zwei Rüden werden jedoch nach einer Weile ihren Rang auskämpfen. Zur Erziehung lässt sich sagen, dass Hündinnen sich schneller unterordnen und Rüden eine stärkere Hand brauchen, damit sie wissen, wer der Rudelführer ist. Natürlich muss man aber sagen, dass es auch unter den Geschlechtern Ausnahmen gibt - es gibt auch die dominante Hündin genau so wie den unterwürfigen Rüden.

DER ZÜCHTER

Wenn Sie sich entschlossen haben, einen Bully als Ihr Familienmitglied aufzunehmen, achten Sie bitte auf folgende Punkte:

Gute Züchter haben niemals mehr als zwei Rassen, besser noch beschäftigen sie sich nur mit einer einzigen Rasse und widmen ihr ungeteilt alle Arbeit und Mühe. Sehr mit Vorsicht zu genießen sind Anzeigen in Tageszeitungen, bei denen Welpen mehrerer Rassen zum Verkauf angeboten werden. Das sind Hundehändler oder skrupellose Hundevermehrer, aber sicher keine Züchter! Davon abgesehen, dass Sie solche Geschäfte nicht mit dem Kauf eines Welpen unterstützen sollten, kann Ihnen hier auch niemand die Garantie geben, dass Sie einen gesunden Welpen erwerben.

Sehr wichtig ist, dass die Welpen mit engem Familienanschluss groß werden und nicht etwa abseits in einem Zwinger, und sei er noch so sauber. Nur so ist gewährleistet, dass die Kleinen richtig sozialisiert werden. Mit Sozialisation bezeichnet man bei Hunden den Gewöhnungsprozess an Menschen, andere Tiere und verschiedene Umweltreize, der am leichtesten in der

Ausgiebiger Kontakt zum Menschen schon beim Züchter ist für die richtige Sozialisation der Welpen unerlässlich.

Foto: N. Poll.

Beobachten Sie die spielenden Welpen, um einen Eindruck ihrer verschiedenen Charaktere zu gewinnen.

so genannten Sozialisationsphase bis zur vierzehnten Lebenswoche stattfindet. Was und wie der kleine Hund in dieser Zeit kennen gelernt hat, prägt sich unauslöschlich in sein Gedächtnis ein und bestimmt sein späteres Weltbild. Wenn er statt Menschen in dieser Zeit nur Zwingerwände sieht, ist es sehr wahrscheinlich, dass er als Erwachsener misstrauisch oder ängstlich gegenüber Menschen ist.

Sehen Sie sich auf alle Fälle mehrere Züchter an und vergleichen Sie, bevor Sie sich einen Welpen aussuchen. Die Anschriften seriöser Züchter in Ihrer Nähe können Sie über den Zuchtverband erfragen (Adressen siehe Anhang).

Ein guter Züchter wird Sie beraten können, ob der dominante Rüde oder die aktive Hündin für Sie eher in Frage kommt und welcher Welpe wohl am besten Ihrem eigenen Charakter entspricht. Bei den Hunden gibt es genau wie bei den Menschen eher ruhigere und eher draufgängerische Typen!

Achten Sie darauf, dass der Welpe alle notwendigen Impfungen erhalten hat, und dass Sie die Ahnentafel für Ihren Welpen ausgehändigt bekommen.

BRAUCHT MEIN WELPE UNBEDINGT EINE AHNENTAFEL?

Oft hört man von Welpenkäufern das Argument, sie bräuchten keine Ahnentafel, weil sie ja nicht ausstellen oder züchten möchten. Dabei vergessen sie aber, dass diese Papiere auch noch einen anderen wichtigen Zweck haben - nämlich nachzuweisen, dass der Hund reinrassig gezogen ist und der Züchter einem Zuchtverband angehört. Der Verband schreibt dem Züchter unter anderem vor, dass nur gesunde Elterntiere miteinander gepaart werden dürfen. Das gibt Ihnen zwar keine hundertprozentige Garantie, dass Sie einen gesunden Welpen erwerben, aber doch eine wesentlich höhere Sicherheit als beim Kauf eines papierlosen Welpen. Natürlich sind Welpen mit Ahnentafel teurer als solche ohne, was für viele ein Grund ist, lieber papierlose Welpen zu kaufen. Ob sich diese Sparsamkeit letzten Endes auszahlt, ist aber sehr zweifelhaft! Die Welpen sind auch nicht deshalb teurer, weil die Züchter sich eine goldene Nase verdienen wollen, sondern weil die Mitgliedschaft im Zuchtverband und die Einhaltung aller Auflagen auch mit Kosten verbunden sind. Auch Impfungen und Wurmkuren für die Welpen haben ihren Preis. Verdienen tut letzten Endes eher der Hundehändler, der die Welpen zwar zu einem geringeren Preis abgibt, aber außer Futterkosten nichts in sie investiert hat und die arme Hündin bei jeder Hitze einen Wurf produzieren lässt, ohne ihr jemals eine Pause zu gönnen. Den Deckrüden hat er sicherlich auch nicht nach seiner Qualität ausgesucht oder danach, ob er zur Hündin passt, sondern nach der niedrigsten Deckgebühr. Wer bei einem solchen Händler kauft, muss damit rechnen, das beim Kauf eingesparte Geld schon sehr bald wieder beim Tierarzt abzugeben oder einem Verhaltenstherapeuten in die

FARBVARIANTEN

Gestromt/Brindle

Dunkel gestromt/Black Brindle

Schecke/Pied

Fawn Schecke/Fawn Pied

Fauve/Fawn

Weiß/White

FARBVARIANTEN

In den verschiedenen Zuchtverbänden herrscht leider große Uneinigkeit, welche Fellfarben beim Bully erwünscht oder unerwünscht sind, auch gibt es für viele Fellfarben keine genaue Definition (Wo genau endet »Fauve« und wo beginnt »Braun« etc.). Folgende Farben kommen vor:

Gestromt:	Schwarz als Grundfarbe mit auf den Körper überzogenen hellen, goldfarbenen Streifen; Krallen, Lidstrich und Nasenspiegel müssen schwarz sein.
Ungestromt:	Schwarz als Grundfarbe mit weißer Brust, Krallen, Lidstrich und Nasenspiegel müssen schwarz sein.
Fawn/Fauve:	Hellbraune Grundfarbe von Milchkaffee bis Rotbraun, mit oder ohne weiße Brust, im Gesicht dunkle Maske, Lidstrich, Nasenspiegel müssen schwarz sein, schwarze Krallen bevorzugt, helle erlaubt.
Fawn-Schecke:	Grundfarbe weiß mit sauber abgetrennten fawnfarbenen Platten, gleichmäßige Maske erwünscht, Nase und Lidrand müssen dunkel sein, dunkle Krallen erwünscht, helle erlaubt.
Weiß:	Grundfarbe weiß mit schwarzer Nase, schwarzem Lidrand und dunklen Krallen, leichte pigmentlose Stellen erlaubt, Forellentupfer sind bei Weißen erlaubt, aber nicht erwünscht.

Nicht erlaubte Farben laut FCI-Standard (deutsche Fassung): Grau, Graublau, Braun.

Kennel Club (England)

Brindle:	Grundfarbe schwarz mit gestromter Zeichnung.
Pied:	Grundfarbe weiß mit sauber abgetrennten Platten, die gestromt sein müssen.
Whites:	Grundfarbe rein weiß ohne jegliche Tupfer, Nase und Lidstrich schwarz.

Nicht erlaubte Farben: Black and Tan (schwarz mit lohfarbenen Abzeichen wie z.B. beim Rottweiler), Grau, Graubraun.

A.K.C. (USA)

In den USA sind fast alle Farben erlaubt, u.a. Creme, Lemon-Creme, Lemon-Pied, Fawn in allen Abstufungen, weiß, gestromt und gescheckt in allen Varianten, wobei die Platten immer gestromt sein müssen.

Nicht erlaubte Farben: Komplett schwarz, grau, leberfarben, Black and Tan, Schecken mit ganz schwarzen Platten.

Zwei Generationen Französische Bulldogge: »Césarienne von den Bourbonischen Lilien« und »Sunshine Du Champagne«.

Foto: Dr. Kinga Jekelfalussy.

Hände zu drücken, der sich mit den Verhaltensproblemen Ihres Hundes auseinandersetzen muss, die er während seiner falschen und mangelhaften Aufzucht erworben hat.

Ich möchte nicht alle Hunde ohne Papiere verpönen, sicher gibt es auch darunter hin und wieder ein sehr schönes Tier aus einem Privatwurf und nicht jeder, der solche Hunde anbietet, ist automatisch ein Hundehändler. Die meisten dieser Anbieter haben aber nicht die Erfahrung und das Wissen, um beurteilen zu können, ob ein Welpe gesund ist oder wie eine vernünftige Zucht aufgebaut wird. Qualität hat nun einmal ihren Preis - sparen Sie nicht am falschen Ende und nehmen Sie sich die Zeit, bis der richtige Welpe gefunden ist.

WIE ERKENNT MAN EINEN GESUNDEN WELPEN?

Die Elterntiere nehmen Sie bitte ebenfalls in Augenschein, da diese das Spiegelbild Ihres neu erworbenen Welpen sind. Sicher wird es nicht überall möglich sein, den Rüden zu sehen, aber vielleicht kann der Züchter Ihnen zumindest ein Foto zeigen. Die gesamte Umgebung von Mutter und Kindern sollte tadellos sauber sein, die Hündin muss einen gesunden und munteren Eindruck machen.

Lassen Sie Ihren Verstand entscheiden und nicht Ihr Herz, denn alle Welpen sind süß. Die Augen müssen klar und ohne Schleimabsonderungen sein. Achten Sie auf saubere Ohren ohne Schmalz und üblen Geruch. Das Fell sollte glänzen und keine Anzeichen von Juckreiz, Schuppenbildung oder Haarausfall zeigen. Ein gut ernährter Welpe fühlt sich fest und rund an, hat aber keinen aufgeblähten Bauch, der auf Wurmbefall hindeutet. Sein Wesen und Verhalten reicht von neugierig bis aufmerksam ohne Scheu und Angst. Der Welpe darf am Afterausgang keinerlei Kotreste haben, denn dies lässt auf eine Erkrankung oder Durchfall schließen. Vergewissern Sie sich, dass der Welpe nicht nur geimpft, sondern auch entwurmt wurde, da ansonsten schon Schädigungen eingetreten sein können.

DAS ABHOLEN

Sie haben den richtigen Züchter gefunden und einen Welpen ausgesucht, der zu Ihnen passt. Endlich hat das Warten hat ein Ende und der große Tag ist da. Wenn Sie mit dem Auto fahren, ist es ratsam, eine zweite Person mitzunehmen, die sich während der Fahrt voll auf den Welpen konzentrieren kann. Sonst brauchen Sie schon jetzt eine Transportbox.

Welchen soll ich bloß nehmen? Hier fällt die Wahl schwer.
Foto: Dr. Kinga Jekelfalussy.

IMPF- UND ENTWURMUNGSPLAN FÜR WELPEN

Impfung	Impfstoff	Alter
Erstimpfung	Parvovirus und Staube PuppySP	5 Wochen
Grundimmunisierung	SHPPLT	7 - 8 Wochen
Zweitimpfung	SHPPLT	12 - 14 Wochen
Nachimpfung	SHPPLT	einmal jährlich

Entwurmung	Wirkstoff	Alter
Erstentwurmung	Breitspektrummittel	2 Wochen, Welpen und Muttertier
2. Entwurmung	Breitspektrummittel	4 Wochen, Welpen und Muttertier
3. Entwurmung	Breitspektrummittel	6 Wochen, Welpen und Muttertier
4. Entwurmung	Breitspektrummittel	9 - 12 Wochen, Welpen
Nachbehandlung	Breitspektrummittel	zwei- bis dreimal jährlich beim erwachsenen Hund

Nehmen Sie eine Decke mit, in die sich der Kleine kuscheln kann, und auch eine Rolle Küchenpapier für den Fall des Falles. Auf einem längeren Weg oder an einem heißen Tag müssen Sie auch Wasser und Napf dabei haben. Holen Sie den Welpen in jedem Fall schon morgens, damit er genügend Zeit für ein erstes Kennenlernen des neuen Heims hat.

Achten Sie darauf, dass Sie vom Züchter Folgendes mitbekommen:

- Die Ahnentafel (sollte die Ahnentafel noch nicht vorliegen, ist der Züchter dazu verpflichtet, sie unverzüglich nachzuliefern)
- Schriftlicher Kaufvertrag
- Eventuell eine Kopie des Wurfabnahmeprotokolls, damit Sie sehen, wie der Zuchtwart den Wurf bzw. Ihren Welpen beurteilt hat (wird nicht immer gemacht)
- Informationen über bisherige Entwurmungen (siehe links)
- Den internationalen Impfpass, aus dem ersichtlich ist, wann der Welpe wogegen geimpft wurde (siehe links)
- Einen Futterplan und genug Futter für die ersten Tage, um den Umstellungsstress des Welpen auf das Notwendigste zu beschränken
- Einen Pflegeplan und erste Empfehlungen über Umgang und Erziehung des Welpen

Sollte der Züchter Ihnen wider Erwarten keinen kleinen Futtervorrat mitgeben können, erkundigen Sie sich unbedingt genau, welches Futter der Welpe bekommen hat und wie oft. Besorgen Sie sich möglichst das Futter der gleichen Marke oder bereiten Sie es selbst so zu, wie es beim Züchter geschehen ist, falls Frischfutter gegeben wurde. Das ist ganz wichtig, weil jede plötzliche Futterumstellung eine Belastung für den Organismus darstellt, umso mehr, als dass dieser durch den ganzen Stress des Umzugs in ein neues Zuhause und der Trennung von der Mutter schon genug belastet ist!

Für den Welpen ist es auch sehr tröstlich, wenn der Züchter ihm ein Stück Decke mit dem vertrauten Geruch mitgeben kann, das ihn in seine neue Umgebung begleitet und das Sie bei Ankunft in sein Körbchen legen. Sie können dem Züchter ja auch ein paar Tage vor der Abholung eine saubere und gewaschene Decke von sich zuhause mitbringen, die er zur »Geruchsimprägnierung« mit ins Körbchen legt - so muss er keine eigene opfern. Und nun ist es endlich soweit - Ihr Bully zieht ein!

4 Im neuen Zuhause

Wenn Sie Ihren Welpen nach Hause bringen, beginnt für Sie und ihn ein neuer Lebensabschnitt. Um dem Kleinen den Übergang so angenehm wie möglich zu machen, denken Sie daran, dass er einen festen Schlafplatz bekommt, an den er sich zurückziehen kann, wo er sich sicher fühlt und wo Sie über sein Treiben einen Überblick haben.

VORBEREITUNGEN

Bevor Sie den Welpen beim Züchter abholen, sollten Sie das Notwendige an Schlafkörbchen, Futter, Spielzeug und Halsband sowie die Leine schon angeschafft haben, damit eine gewisse Ordnung für das alltägliche Leben da ist.

Bei der Anschaffung des Korbes ist wichtig, dass dieser den Maßen des erwachsenen Hundes entspricht, auch wenn der Welpe am Anfang darin etwas verloren aussieht. Der erwachsene Hund muss ausgestreckt bequem darin liegen können. Das Einlegekissen sollte auf jeden Fall maschinenwaschbar sein.

Das Halsband sollte in den ersten Wochen am besten aus weichem Stoff oder Leder mit abgerundeten Kanten sein. Ketten- oder Schlupfhalsbänder sind ungeeignet, da der Kleine sich bei Scheu herauswinden kann. Sie können sich auch für ein Geschirr entscheiden, das besonders gerne bei kurznasigen Rassen genutzt wird. Wichtig dabei ist die genaue Passform, es darf weder verrutschen noch beengen. Am besten nehmen Sie Ihren Bully zur Anprobe mit.

Die Leine darf nicht zu schwer sein für einen Welpen, ein leichtes Modell aus Stoff eignet sich für den Anfang am besten. Bei Verwendung der ausziehbaren Flexileinen kann es zu Problemen mit der Leinenführigkeit kommen, da diese Art der Leine zum Ziehen verleitet und nicht jeder Vierbeiner damit zurecht kommt.

Die Futternäpfe sollten aus Edelstahl oder Steingut bestehen, da diese sich sehr gut reinigen lassen, nicht angeknabbert werden können und auch bei Spielereien nicht umfallen.

Bei Anschaffung von Spielzeug achten Sie darauf, dass es aus Hartgummi ist, denn weiche Gummiarten werden zerkaut und verschluckt, was zu

schweren Magen- und Darmerkrankungen führt. Geeignet sind auch Seile mit Verknotungen - oder einfach ein paar alte Socken! Wundern Sie sich dann aber nicht, wenn Ihr Hund später keinen Unterschied zwischen alten und neuen Socken macht ...

GEFAHREN IN HAUS UND GARTEN

Bevor ein neues Familienmitglied in Ihr Haus kommt, sollten Sie ein paar Sicherheitsvorkehrungen treffen.

Ihr Gartenzaun muss ausbruchsicher und hoch genug sein, damit der neue Welpe nicht abhanden kommt. Achten Sie auch darauf, welche Pflanzen in Haus und Garten sind - manche sind für Hunde giftig und können gesundheitliche Schäden verursachen.

Bewahren Sie wertvolle Dinge nicht in Reichweite Ihres Welpen auf, das Gleiche gilt für zerbrechliche Gegenstände, Stromkabel und giftige Substanzen wie z.B. Schneckenkorn, Mäusegift oder Kunstdünger. Welpen sind wie kleine Kinder - sie wollen alles in den Mund nehmen! Sollten Sie großen Wert auf einen schönen Garten legen, zeigen Sie Ihrem Welpen eine Ecke, in der er nach Herzenslust buddeln darf - und auch nur da, indem Sie ihn immer wieder dorthin führen, damit Ihr Garten nicht zur Mondlandschaft wird.

Kleine Hunde sind große Entdecker.

Foto: Nicole Blümling.

EINGEWÖHNUNG

Falls Sie kleine Kinder haben, achten Sie darauf, dass diese den Welpen nicht gleich nach seiner Ankunft mit zu viel Zuneigung überhäufen. Lassen Sie ihn zuallerst einmal seine neue Umgebung in Ruhe und ausgiebig beschnuppern. Auch sollten Sie nicht gleich am ersten Tag alle Nachbarn und Freunde einladen, um den Neuankömmling zu bestaunen, sondern ihm erst einmal Ruhe und Geborgenheit vermitteln.

DIE ERSTE NACHT

In der ersten Nacht ohne Mutter und Wurfgeschwister fühlt sich der Welpe einsam und verlassen. Es gibt zwei Möglichkeiten für seinen Schlafplatz: In einer Box neben Ihrem Bett, so können Sie ab und zu beruhigend eine Hand hineinstrecken und bekommen mit, wenn er muss, oder Sie bringen ihn in einem separaten Raum unter - z.B. in der Küche, die meistens gefliest ist. Die zweite Variante empfiehlt sich, wenn noch ein zweiter Hund da ist, damit der Kleine keine Verlassenheitsängste hat. Vorausgesetzt, der schon vorhandene Hund ist auch wirklich lieb zum Welpen! Bei der ersten Variante ist der Welpe aber schneller stubenrein, da er von Natur aus nicht sein Nest beschmutzt. Er gewöhnt sich auch besser an die Box, in der Sie ihn auch im Auto oder zum Tierarzt transportieren können. Der Welpe wird sich nachts durch Heulen oder Weinen bemerkbar machen, oft aber nicht, weil er muss, sondern weil er viel lieber bei Ihnen sein möchte. Machen Sie nicht den Fehler und nehmen Sie ihn mit ins Bett, denn einmal einen Bully im Bett heißt immer einen Bully im Bett. Versuchen Sie möglichst, sein Winseln zu überhören und kümmern Sie sich genau in dem Moment um ihn, wenn er ruhig ist, so lernt er am schnellsten, dass Winseln keinen Erfolg bringt, Ruhigsein aber schon.

ERZIEHUNG ZUR STUBENREINHEIT

Was die Erziehung zur Stubenreinheit angeht, gibt es kein wirkliches Geheimrezept, wohl aber ein paar Grundregeln, die Ihnen weiterhelfen. Wichtig zu wissen ist, dass ein Welpe sich so gut wie immer sofort nach dem Aufwachen und kurz nach dem Fressen »lösen« muss (so nennt man das Verrichten des Geschäftes bei Hunden). Anfangs sollten Sie den Kleinen deshalb immer nach dem Aufwachen nach draußen an den gleichen Platz begleiten und ihn über den grünen Klee loben, wenn er dort sein Geschäft verrichtet. Verteilen Sie die Mahlzeiten so auf den Tag, dass bis 20 Uhr der Kleine alle seine Mahlzeiten gegessen hat. Am späten Abend laufen Sie noch eine kleine Runde, damit der Welpe sich nochmals entleeren kann, zu Hause angekommen sorgen Sie dafür, dass Ihr Welpe zur Ruhe kommt. In der ersten Zeit besteht das Geheimnis einfach darin, immer schneller zu sein als der Welpe. Auf keinen Fall dürfen Sie ihn nachträglich dafür bestrafen, wenn er irgendwo in die Wohnung gemacht hat oder ihn sogar mit der Nase hineinstupsen, wie es manchmal leider immer noch empfohlen wird. Er kann das nicht verstehen, stattdessen bekommt er nur Angst und wird unsicher. Wischen Sie die »Bescherung« einfach kommentarlos weg und seien Sie das nächste Mal besser auf der Hut. Nur wenn Sie den Hund auf frischer Tat ertappen, tadeln Sie ihn mit einem lauten »Nein, pfui ist das!« und tragen ihn sofort nach draußen. Wie lange es dauert, bis Ihr Kleiner sauber ist, kann von Tier zu Tier unterschiedlich sein, aber bitte haben Sie Geduld!

SOZIALISIERUNG

Einer der wichtigsten Aspekte der Welpenerziehung ist, dass der Welpe von klein auf alltägliche Dinge des Leben kennen lernt. Während der so genannten Sozialisationsphase von der 4. bis (etwa) 14. Lebenswoche ist der Welpe besonders aufnahmefähig, was seine Umgebung betrifft. Versuchen Sie so oft wie möglich, Ihren Kleinen mitzunehmen, damit er sich an verschiedene Einflüsse gewöhnt. Bei Spaziergängen in der City ist es empfehlenswert, mit Gängen am Abend zu beginnen, weil es dann in der Stadt etwas ruhiger ist und er sich langsam an die Geräusche und Autos gewöhnen kann. Zuhause können Sie Ihrem Welpen beibringen, dass der Staubsauger nichts Schlimmes ist, indem Sie ihn zuerst mit dem ausgeschalteten Sauger spielerisch vertraut machen. Auch Geräusche von Geräten wie Waschmaschine oder Geschirrspüler werden für Ihren Welpen anfangs etwas ungewöhnlich sein, je öfter er sie hört, desto schneller wird er sich nicht mehr daran stören.

Ihr Bully sollte erst mit anderen Hunden zusammentreffen, wenn er einen kompletten Impfschutz hat.

Foto: Ursula Hocke.

Bevor Sie Ihren Welpen mit anderen Hunden zusammenbringen, damit er soziales Verhalten mit Artgenossen üben kann, muss er zuerst alle notwendigen Impfungen haben! Am besten lernt er den Umgang mit anderen Hunden beim Besuch von speziellen Welpenstunden in der Hundeschule oder auf Spaziergängen. Achten Sie aber anfangs darauf, dass Sie ihn nur mit Artgenossen seiner Größe vertraut machen. Große Hunde können dem Kleinen Angst machen und sind manchmal ungewollt zu grob mit ihm. Auch sollte erwähnt werden, dass der oft zitierte »Welpenschutz« nicht bei jedem Hund vorhanden ist und dass es oft genug vorkommt, dass Welpen von erwachsenen Hunden verbissen werden. Diese negative Erfahrung vergessen sie ihr Leben lang nicht mehr und werden im Umgang mit anderen Hunden schwierig. Damit das nicht passiert, fragen Sie den anderen Hundebesitzer immer, wie sich sein Hund verhält. Das ist zwar keine Garantie, aber ein vernünftiger Hundebesitzer kennt die Marotten seines Vierbeiners.

Noch etwas: Wenn Sie in der Stadt wohnen, lassen Sie Ihren Welpen sein Geschäft bitte nicht auf dem Bürgersteig verrichten! Das ist nicht nur ein unschöner Anblick, Sie ersparen sich auch viel Ärger (und in manchen Städten ein Bußgeld) damit. Es gibt nichts Unangenehmeres als Hundekot unter den Schuhen. Entfernen Sie also die Hinterlassenschaften Ihres Vierbeiners auf Wegen bitte sofort.

AUTOFAHREN

Schon den Welpen können Sie frühzeitig an das Autofahren gewöhnen, dann ist es später kein Problem. Die meisten Hunde lieben es ohnehin, weil Autofahrten Abwechslung bedeuten, aber positive Erfahrungen in der Welpenzeit zahlen sich später immer aus!

Stellen Sie sicher, dass Ihr Hund im Auto sicher untergebracht ist und nicht stören kann. Im Auto sollte er am besten in seiner Transportbox untergebracht sein. Ist er frei, kann er sich zu leicht verletzen, wenn Sie plözlich bremsen müssen. Vielleicht überkommt ihn auch während der Fahrt das Bedürfnis, mit dem Fahrer zu spielen! Dazu muss er natürlich vorher an die Box gewöhnt sein, was man mit Leckerchen und Lob gut zuhause erreichen kann. Es gibt auch spezielle Haltegeschirre für Hunde, mit denen man sie auf dem Rücksitz anschnallen kann, auch das ist eine Alternative.

Vielleicht macht sich Ihr Bully anfangs lautstark bemerkbar - wenn Sie ihn ignorieren, merkt er schnell, dass es ihm nichts bringt. Fahren Sie anfangs nur kurze Strecken, zum Beispiel eine Runde um den Block oder zur nächsten Wiese zum Spielen.

Gelegentlich wird auch einem Bully im Auto schlecht. Meist gibt sich dies mit dem Heranwachsen. Neigt er dazu, füttern Sie ihn nicht vor der Fahrt, und nehmen Sie ihn anfangs nur kurze Strecken mit. Wenn das Problem bleibt, sollten Sie Ihren Tierarzt befragen.

ERNÄHRUNG

Besonders bei Welpen muss auf eine gute und gesunde Ernährung geachtet werden. Je jünger der Hund, so die Faustregel, desto öfter pro Tag sollte in kleinen Portionen gefüttert werden. In den Fachgeschäften gibt es heute eine riesige Auswahl an Komplett-Trockenfuttern der verschiedensten Marken, die mittlerweile schon auf die jeweiligen Rassen, das Lebensalter und die Aktivität des Hundes abgestimmt sind. Besonders der Hinweis auf das Lebensalter auf der Futterpackung ist wichtig, da es sonst im Welpenalter durch Ernährungsfehler zu schweren Schäden an Knochen und Bändern kommen kann, die nicht wieder gut zu machen sind. Beim Welpen ist ein Proteingehalt von 24-26% empfehlenswert, beim erwachsenen Hund 20-22%. Der kleine

Welpenmagen kann auch noch keine großen Portionen auf einmal verarbeiten. Folgende Aufteilung der Gesamtration empfiehlt sich:

Ab der 5. Woche:	4 - 5 Mahlzeiten pro Tag
Ab dem 4. - 5. Monat:	3 Mahlzeiten pro Tag
Ab dem 6. - 12. Monat:	2 Mahlzeiten pro Tag
Ab dem 12. Monat:	1 - 2 Mahlzeiten pro Tag

Neben dem Trockenfutter gibt es auch noch Dosenfutter oder die Möglichkeit, das Futter selbst zu kochen. Trockenfutter ist leicht zu dosieren, wobei aber darauf geachtet werden muss, dass immer frisches Wasser zur freien Verfügung steht. Die Nährstoffe im Trockenfutter sind so zusammengesetzt, dass es leicht verdaulich ist und der Hund weniger Kot absetzt. Ein weiterer Vorteil bei Trockenfutter ist, dass es durch die Reibung der Brocken am Zahnfleisch und den Zähnen zu weniger Zahnbelag bei den Hunden kommt. Gutes Dosenfutter ist wie gutes Trockenfutter mit den jeweils notwendigen Bestandteilen aufgebaut, hat jedoch einen höheren Wasseranteil und in der

Ein schlanker Hund ist ein gesunder Hund! Erhalten Sie das Idealgewicht Ihres Bulldogs.

Französische Bulldoggen sind fast immer gute Fresser. *Foto: de Bie.*

Regel auch einen höheren Fettgehalt. Achten Sie darauf, dass Sie nur Dosen in tadellosem Zustand kaufen, damit der Inhalt nicht schon durch Beschädigung verdorben ist.

Das Selbstkochen von Futter setzt viel Erfahrung und Zeit voraus. Die richtige Kombination von Rohfaser, Kohlenhydraten, Mineralstoffen, Vitaminen, Eiweiß usw. für den jeweiligen Hund zu erreichen, ist sehr schwierig und für Anfänger nicht empfehlenswert, da man sonst mit dieser Fütterungsart große Schäden anrichten kann.

Ab und zu ein Ei, ein geriebener Apfel, ein bisschen Naturjoghurt oder ein paar Haferflocken über dem Futter schaffen Abwechslung und tun Ihrem Hund gut. Verboten ist rohes Schweinefleisch, weil es die Erreger der für Hunde tödlichen Aujeszkyschen Krankheit enthalten kann. Auch scharf gewürzte Speisen, Zwiebeln und Schokolade sind nichts für den Hund. Wenn Sie Knochen übrig haben, geben Sie dem Hund nur die stabilen Markknochen zum darauf Herumkauen, weil die im Gegensatz zu Rippchen oder Geflügelknochen nicht splittern und nicht wie diese in messerscharfen Teilchen verschluckt werden können.

Um zu verhindern, dass Ihr Bully Übergewicht bekommt, sollten Sie darauf achten, die von den Herstellern auf der Verpackung angegebenen Mengen einzuhalten. In der Wachstumsphase benötigt der Welpe vor allem hochwertiges Futter und nicht Unmengen an Futter! Beobachten Sie den Futterzustand Ihres Hundes regelmäßig und passen Sie die Futtermenge gegebenenfalls nach oben oder unten an. Nicht jeder Hund verwertet sein Futter gleich, weshalb man kaum pauschale Mengenempfehlungen geben kann. Fragen Sie im Zweifelsfall beim nächsten Impftermin Ihren Tierarzt, was er vom Futterzustand hält. Übergewicht ist für Hunde genauso schädlich wie für Menschen! Herz, Kreislauf und Bewegungsapparat werden mehr als nötig belastet. Leckerchen vom Tisch sollten tabu sein und zwischendurch auch nur in Maßen gegeben werden, sonst könnte es sein, dass der Hund sein »richtiges« Futter stehen lässt. Wenn Sie die Futterart oder -marke wechseln, sollte das nie plötzlich, sondern immer allmählich geschehen, indem Sie das alte mit dem neuen Futter ein paar Tage lang vermischen. So kann die Verdauung sich darauf einstellen und es gibt keinen Durchfall!

KÖRPERPFLEGE

Das kurze Haar des Bullys ist pflegeleicht, Abbürsten mit einer weichen Bürste oder einem Noppenhandschuh und Nachpolieren mit einem Tuch genügt! Bei sehr starken Verschmutzungen können Sie ihn mit einem milden

Von Körperpflege und Schönsein haben Hunde sicher ein anderes Verständnis als Menschen ...

Foto: N. Blümling.

Gewöhnen Sie Ihren Welpen schon früh an Körperpflege wie z.B. das Reinigen der Ohren.

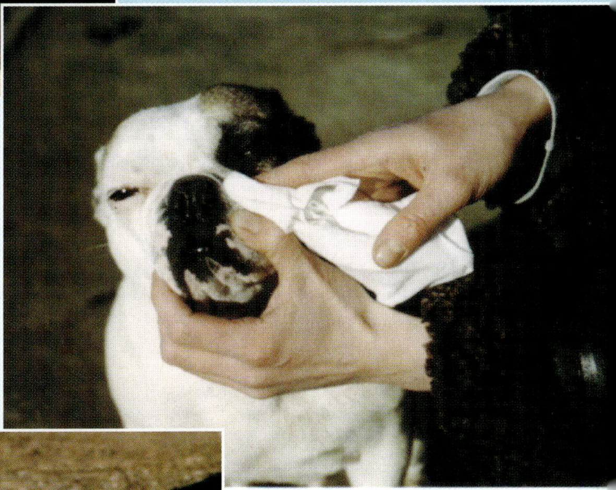

Die Hautfalten im Gesicht müssen öfter kontrolliert und, falls nötig, saubergewischt werden, damit hier keine Entzündung entsteht.

Kauknochen aus Büffelhaut helfen, die Zähne sauber und frei von Belägen zu halten.

Hundeshampoo baden. Achten Sie darauf, dass das Wasser nicht zu heiß ist, auch sollte die Brause nicht zu stark eingestellt sein. Vermeiden Sie, dass Schaum in die Augen und in die Ohren kommt, damit diese nicht zu stark gereizt werden. Wichtig ist, dass Sie den Hund nach dem Baden gut trocken rubbeln und ihn in einem beheizten Raum unterbringen, in dem keine Zugluft herrscht. Sollte das Wetter draußen schön sein, können Sie ihn im Sommer auch im Garten baden und trocknen lassen. Wenn Sie unter Zeitdruck stehen, können Sie Ihren Hund auch mit dem Föhn trocknen, aber achten Sie darauf, ihn langsam an das Geräusch zu gewöhnen, ihm mit dem Föhn nicht zu nahe zu kommen und das Gerät nicht zu heiß einzustellen. Für die Haare ist das Trocknen an der Luft aber besser.

Die Augen- und Ohrenpflege kann mit einen milden Reinigungstuch vorgenommen werden, es gibt auch spezielle Reinigungsflüssigkeiten, die in die Ohren eingeträufelt und leicht einmassiert werden. Man sollte es mit der Reinigung der Augen und Ohren nicht übertreiben, sondern nur dann etwas unternehmen, wenn es nötig ist, sprich wenn übermäßiger Tränenfluss bzw. Ohrenschmalzabsonderungen vorhanden sind. Kontrolliert werden sollten Augen und Ohren aber täglich.

Die Krallen müssen, falls sie zu lang gewachsen sind, mit einer Krallenzange gekürzt werden. Dabei darf nur die Krallenspitze abgeknipst werden, ohne den von Blutbahnen durchzogenen »lebendigen« Teil der Kralle zu ver-

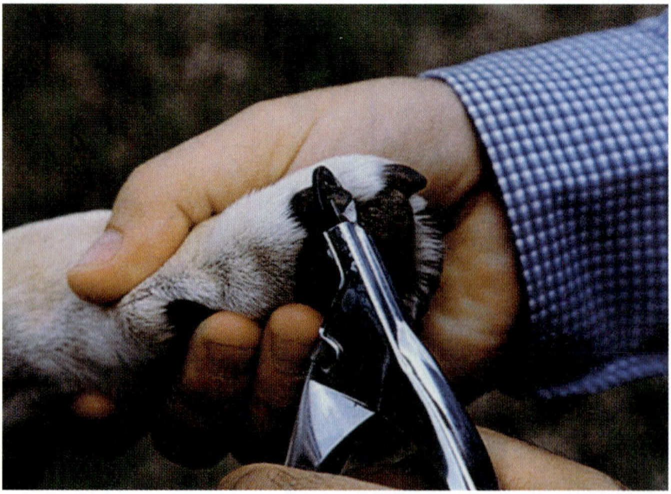

Solche Nagelknipser können Sie verwenden, um die Krallen Ihres Bullys in Form zu halten.

Aus hygienischen Gründen muss der Bully regelmäßig entwurmt werden.

letzen. Bei hellen Krallen sieht man diese Blutäderchen, bei dunklen nicht. Wenn Sie unsicher sind, überlassen Sie das Kürzen der Krallen dem Tierarzt. Hunde, die viel auf festem Boden oder Asphalt unterwegs sind, laufen sich die Krallen in der Regel von selbst auf die richtige Länge ab.

Bulldoggen haben manchmal Probleme mit ihren Hautfalten im Gesicht, weil sich darin wunde Stellen bilden können. Die Falten müssen regelmäßig gereinigt und wundversorgt werden, falls schon eine Rötung vorliegt. Zur Reinigung können Sie milde Babytücher verwenden, bei Entzündungen gibt der Tierarzt Ihnen Mittel.

Zahnpflege ist dann notwendig, wenn Ihr Hund zur Zahnsteinbildung neigt. Leider haben viele Bullys nicht die besten Zähne, regelmäßige Kontrolle ist deshalb sehr wichtig. Die passende Hundezahnpasta und Zahnbürste erhalten Sie bei Ihrem Tierarzt.

Zur Vorbeugung geben Sie Ihrem Hund Kauknochen, sie reinigen die Zähne und massieren das Zahnfleisch. Außerdem kommt es auch Ihren persönlichen Gegenständen zugute, wenn der Welpe etwas zum Kauen hat und Ihre Hausschuhe verschont.

5 Erziehung

Wenn Sie Ihren Sprößling beim Züchter abgeholt haben und er sich nach einigen Tagen eingewöhnt hat, beginnen Sie mit der Grunderziehung. Wichtig ist, dass Sie die (hoffentlich) beim Züchter schon begonnene Sozialisierung fortführen, indem Sie Ihrem Welpen in Welpenspielstunden oder auf Spaziergängen Kontakt zu Artgenossen ermöglichen.

Bullys sind sehr lernfähig und Sie können früh mit Kommandos wie »Platz«, »Sitz« oder »Komm« beginnen. Gewalt und Zwang sind dabei aber fehl am Platz! Mit Ruhe und einem Leckerchen in der Hand lernt Ihr Bully viel schneller und besser.

Bringen Sie ihm als Erstes seinen Namen bei, indem Sie ihn oft damit ansprechen und ihn mit Aufmerksamkeit oder Lob belohnen, wenn er darauf reagiert. Später sagen Sie dann vor jedem Kommando zuerst seinen Namen, um seine Aufmerksamkeit auf sich zu lenken.

Als nächste Lektion sollte dann die Leinenführigkeit auf dem Programm stehen. Ziehen Sie dem Kleinen erst nur für kürzere Zeitabschnitte das Halsband an und geben Sie ihm gleichzeitig ein Leckerchen, damit er das Ding um den Hals mit etwas Positivem verbindet. Hängen Sie dann nach ein paar Tagen eine leichte Leine ein, die Ihr Bully zuerst hinter sich her ziehen kann. Achten Sie aber darauf, dass er nirgends hängenbleiben kann. Nehmen Sie dann die Leine auf, locken den Hund mit seinem Namen, zupfen leicht an der Leine (nicht den Hund an der Leine zu sich ziehen!) und belohnen ihn mit einem Leckerchen. Leinen Sie ihn in den nächsten Tagen an, bevor Sie mit ihm nach draußen in den Garten zum Spielen gehen, so lernt er schon bald, dass die Leine etwas Schönes verheißt.

Damit er ohne zu ziehen »Bei Fuß« geht, können Sie ihn dicht an ihrer linken Seite halten, indem Sie ihm ein Leckerchen oder sein Lieblingsspielzeug über den Kopf halten. Sobald er an der Leine zieht, bleiben Sie einfach kommentarlos stehen und »versteinern«. So lernt er schnell, dass der spannende Ausflug nicht weitergeht wenn er zieht. Sobald er brav an lockerer Leine neben Ihnen läuft, loben Sie ihn! Fordern Sie anfangs von Ihrem Welpen nicht zu viel »bei Fuß« und an der Leine laufen, sonst könnte er die Lust verlieren. Ein paar Minuten sollten in den ersten Tagen reichen, danach gibt es zur Belohnung freies Spiel und Spaß!

Egal ob Sie ein Halsband oder ein Führgeschirr verwenden möchten, der Hund muss Zeit haben, sich an das neue Gefühl zu gewöhnen.

Französische Bulldoggen lernen aufgrund ihres verspielten Wesens sehr schnell und am besten ohne Zwang. Foto: Ursula Hocke.

Zum Lernen von »Sitz« gibt es zwei Möglichkeiten: Sie können dem Hund gleichzeitig mit dem Kommando »Sitz« sanft das Hinterteil herunterdrücken und ihn loben, sobald er sitzt, oder Sie können dem stehenden Hund ein Leckerchen so von etwas schräg hinten über den Kopf halten, dass er sich setzen muss, um es zu sehen und dabei »Si z« sagen. Sobald das Hinterteil auf dem Boden ist, gibt es Lob. Die zweite Methode hat den Vorteil, dass der Hund sie als freiwilliger empfindet und die Übung mit mehr Spaß ausführt. Üben Sie so oft, bis der Kleine die Bedeutung des gesprochenen Kommandos verstanden hat. Später sollten Sie »Sitz« grundsätzlich vor jeder Straßenüberquerung verlangen, damit der Hund gar nicht erst auf die Idee kommt, blindlings auf die Straße zu laufen.

Mit »Platz« ist es ähnlich, Sie können entweder dem sitzenden Hund die Vorderläufe nach vorne wegziehen und »Platz« sagen oder ein Leckerchen auf Bodenhöhe zwischen seine Vorderpfoten halten. Loben Sie ihn wieder, sobald er liegt. Er sollte erst dann wieder aufstehen, wenn Sie ihm auch das Kommando dazu geben, zum Beispiel »Auf« oder »Los« oder was auch immer, solange es immer das gleiche Wort ist. Dieses Auflösungskommando ist sehr wichtig! Anfangs sollten Sie Ihren Bully nur ein paar Sekunden im »Platz« lassen, bevor Sie das Auflösungskommando geben, später können Sie ihn immer länger warten lassen.

KONSEQUENZ

Konsequenz ist eines der Schlüsselworte in der Hundeerziehung. Ihr Bully führt in kürzester Zeit das Regiment im Haus, wenn Sie nicht einige feste Regeln aufstellen.

Finden Sie für sich heraus, was Sie nicht stört und was nicht akzeptabel ist - und dann halten Sie sich daran. Wenn Sie die Regeln ständig ändern, verwirrt das Ihren Hund nur, und er lernt nie, was er darf und was nicht. Ein Beispiel: Ihr Bully darf auf Ihr Sofa - aber nur, wenn seine Pfoten nicht schmutzig sind. Kein Hund kann das verstehen! Entweder, Sie bringen ihm bei, dass das Sofa immer absolut tabu für ihn ist, oder Sie haben stets eine Decke griffbereit und er darf immer auf's Sofa - egal, wie schmutzig er ist.

Stellen Sie eine Hausordnung für Ihren Welpen auf, an die sich alle Familienmitglieder stets halten müssen.

Hier einige Fragen, die Sie sich stellen müssen:

- Darf mein Hund auf's Sofa?
- Darf mein Hund im Bett schlafen?
- Darf er mit in's Schlafzimmer?
- Darf er bei Tisch betteln?
- Darf er an Besuchern hochspringen?

Hat er erst verstanden, was erwünscht ist und was nicht, gibt es kaum mehr Konflikte, und Sie sind auf einem guten Weg zu einer harmonischen Mensch-Hund-Partnerschaft.

Wenn das Sofa heute verboten ist, darf es morgen nicht erlaubt werden.

Französische Bulldoggen sind gesellig! Foto: Ursula Hocke.

BEGEGNUNGEN MIT ARTGENOSSEN

Hunde verständigen sich untereinander in ihrer eigenen Körpersprache, die von uns Besitzern oft falsch gedeutet wird. Es ist kein Fehler, sich mit diesem Thema anhand guter Fachliteratur ein wenig auseinanderzusetzen, um nicht bei jeder Begegnung mit anderen Hunden in Panik zu geraten. Nicht jede Rauferei muss eine wilde Beißerei bedeuten! Wichtig zu wissen ist, dass angeleinte Hunde aus einer Verteidigungshaltung heraus oft aggressiv gegenüber anderen Hunden reagieren. Sie fühlen sich behindert, gefesselt und einem eventuellen Angriff ausgeliefert, daher ihre Aggression. Meistens gehen Begegnungen friedlicher vor sich, wenn die Hunde sich ohne Einmischung ihrer Menschen in Ruhe beschnuppern und kennen lernen können. Natürlich kommt es bei Hunden auch genau wie bei Menschen vor, dass zwei sich überhaupt nicht riechen können, dann sollte ein Zusammentreffen vermieden werden. Sollte Ihr Hund trotz allem einmal in eine ernste Beißerei geraten, machen Sie nicht den Fehler, dazwischengreifen zu wollen, sonst werden Sie selbst gebissen. Versuchen Sie eher, Ihren Hund an den Hinterläufen zu packen und fortzuziehen. Gegen aggressiv angreifende Hunde ist der beste Trick ein aufklappbarer Taschenschirm, ein Knirps, den man vor sich und dem Hund aufschnappen lässt und dem Angreifer wie ein Schutzschild auf Bodenhöhe entgegenhält. Versucht der Angreifer, seitlich am Hindernis vorbeizukommen, rollen Sie den Schirm mit der Kante über den Boden wieder vor ihn. So gut wie alle Hunde haben vor dem Schirm Respekt und beschränken sich auf ein Bellen.

Die allermeisten Hundebegegnungen verlaufen aber friedlich und ohne Probleme!

HUNDESPORT

Inzwischen gibt es die verschiedensten Hundesportarten wie Agility, Flyball, Obedience oder Fährtensuchspiele, um nur einige zu nennen. Nicht alle Hunderassen haben aber die gleichen Talente. Bei Agility und Flyball sind insbesondere Hütehunde wie Border Collies stark vertreten, da es hier auf Schnelligkeit, Wendigkeit und Sprungfreudigkeit ankommt. Nicht, dass ein Bully nicht auch in diesen Disziplinen starten könnte, aber er ist nun einmal wegen seiner kurzen Nase nicht der geborene Ausdauerläufer und kommt besonders bei warmem Wetter schnell außer Atem. Natürlich kann er aufgrund seiner Körpergröße auch nicht so hohe Hindernisse überwinden. In den Fährtensuchdisziplinen tun sich vor allem die Jagdhunde und Terrier, aber auch Hütehunde hervor, der Bully wurde nie zu solchen Zwecken gezüchtet und es wäre unfair, von ihm die gleiche Nasen- und Suchleistung zu erwarten wie von einem Beagle.

Obedience dagegen ist eine Sportart ohne Rasseeinschränkungen, die auch Französische Bulldoggen mit etwas Übung begeistert betreiben können. Obedience ist eine erweiterte Form der Gehorsamsprüfung, die ein perfektes, harmonisches Zusammenspiel zwischen Mensch und Hund fordert. Der Hund muss je nach Schwierigkeitsgrad verschiedene Kommandos wie Sitz, Platz, Fuß, Bleib und andere befolgen, zum Teil nur auf Sichtzeichen reagieren und stets auf seinen Halter achten.

Hier kommt es also nicht auf Schnelligkeit und sportliche Fähigkeiten an, sondern auf freudige Zusammenarbeit mit dem Menschen, und die fällt dem Bully nicht schwer.

Eine schöne Alternative für Französische Bulldoggen ist das Dogdancing, bei dem sich Mensch und Hund zu Musik in vorher einstudierten Figuren mit- und umeinander bewegen. Der Hund kann z.B. Slalom durch die Beine laufen, während der Mensch seitwärts geht, rückwärts laufen, kriechen, eine Rolle machen und vieles mehr, der Fantasie sind kaum Grenzen gesetzt. Solange es spielerisch und ohne Zwang zugeht, ist der Bully immer mit Begeisterung bei der Sache und wird alle rundherum mit seiner guten Laune anstecken.

6 Ausstellungen

Wenn Sie schon einmal als Besucher auf einer Hundeausstellung gewesen sind, haben Sie sich vielleicht von der besonderen Atmosphäre anstecken lassen, die dort herrscht. Andere dagegen sind der Meinung, dass es sich um reinen Stress handelt, was in einigen Punkten auch zutrifft, bei richtiger Vorbereitung aber größtenteils vermieden werden kann. Ich kann aus fast zehnjähriger Erfahrung sagen, dass es immer wieder ein Erlebnis ist, bei so einer Show dabei zu sein. Man lernt viele nette Menschen kennen, mit denen man die gleiche Leidenschaft teilt.

Die Ausstellungen haben vor allem für die Züchter eine große Bedeutung, denn nur dort wird ihre Nachzucht von einem unabhängigen Richter beurteilt. Die auf den Ausstellungen erhaltenen Prämierungen sind ein Qualitätsnachweis für die eigene Zucht. Die Richter beurteilen den Hund nach Farbe, Gangwerk, Kiefer, Knochenbau, äußerem Erscheinungsbild, seinem Wesen und danach, wie Sie ihn vorführen. Genauso ist es für den Züchter wichtig, auf der Ausstellung nach geeigneten Deckrüden für seine Zucht Ausschau zu halten und die verschiedenen Blutlinien miteinander zu vergleichen. Aber auch für den einfachen Interessenten ist so eine Ausstellung eine ideale Gelegenheit, sich ein Bild von der Rasse in all ihrer Vielfalt zu machen und Besitzer anszusprechen, denn wo sonst sieht man schon so viele Bullys auf einmal!

Bei großen Hundeshows ist es besonders interessant zu sehen, wie die angestrebte »Idealform« der Rasse auszusehen hat, obwohl hier natürlich auch immer der Geschmack der jeweiligen Richter mitspielt. Ein guter Richter achtet auf einen harmonischen Gesamteindruck und nicht auf die übertriebene Ausbildung einzelner im Standard festgeschriebener Rassemerkmale. Hin und wieder gibt es natürlich bezüglich der Bewertung Meinungsverschiedenheiten. Bedenken Sie aber auch, dass teilweise Richter aus anderen Ländern anwesend sind, in denen andere Vorstellungen von der Auslegung des Rassestandards herrschen und der Geschmack einfach etwas anders ist. Züchter, die schon lange dabei sind, wissen das und können Sie als Anfänger beruhigen, falls Ihr Hund dieses Mal nicht so gut abschneiden sollte. Beim nächsten Mal kann alles anders sein!

Ein strahlender Sieger: »Admiral Pigburger«, Besitzerin und Foto: Nicola Poll.

WELCHE AUSSTELLUNGEN GIBT ES?

Die meisten Ausstellungen finden in Deutschland unter dem Patronat des VDH (Verband für das Deutsche Hundewesen), der dem internationalen Dachverband FCI angeschlossen ist, statt. Die wichtigsten Ausstellungen sind die jedes Jahr im Mai in Dortmund stattfindende Europasiegerschau und die Bundessiegerschau im Oktober. Natürlich gibt es auch in den anderen Bundesländern Ausstellungen, die von den Landesverbänden des VDH ausgerichtet werden und deren Termine Sie beim VDH erfragen können. In der Schweiz ist die Schweizerische Kynologische Gesellschaft (SKG) und in Österreich der ÖKV (Österreichischer Kynologenverband) jeweils als nationaler Unterverband der FCI zuständig (Adressen im Anhang).

Wenn Sie einmal einen Blick über die Landesgrenzen tun möchten, sind besonders die jährlich in Luxemburg stattfindene Ausstellung, die Winner Show im holländischen Rotterdam und natürlich die größte aller Hundeausstellungen, die »Crufts« im englischen Birmingham, zu empfehlen. Auch diese Termine können Sie über die Geschäftsstelle von VDH bzw. SKG oder ÖKV erfragen.

Während diese »großen« Ausstellungen für Hunde aller Rassen offen sind, gibt es auch noch rassespezifische Sonderschauen, die vom jeweiligen nationalen Rassezuchtverband (in Deutschland z.B. der IKFB, Internationaler Klub für Französische Bulldoggen) veranstaltet werden und auf denen nur Französische Bulldoggen zugelassen sind.

AUSSTELLUNGEN ANDERER VERBÄNDE

Neben der Verbandsstruktur FCI (internationaler Dachverband) - VDH (nationaler Hundezuchtverband) - IKFB (nationaler Rassezuchtverband) gibt es auch noch weitere Vereins- und Verbandsstrukturen, so zum Beispiel den IRJGV (angeschlossen an den Dachverband UCI). Der IRJGV betreut alle Rassen, existiert seit 80 Jahren und hat knapp 40.000 Mitglieder; er ist auch in der Schweiz, in den Niederlanden und in Belgien vertreten. Auch er hat feste Zuchtbestimmungen für die Französische Bulldogge und veranstaltet Ausstellungen.

Außerdem gibt es noch die Deutsche Hundesport-Union e.V. (DHSU), innerhalb derer wiederum ein Verein für Französische Bulldoggen – der D.K.F.B. – existiert.

Dieser hat sehr strenge und vorbildliche Zuchtzulassungsvorschriften, die unter anderem eine Keilwirbeluntersuchung durch Röntgen und eine Untersuchung der Atemwege vorschreiben.

VORBEREITUNG AUF DIE AUSSTELLUNG

Stellen Sie sich darauf ein, dass viele Ausstellungen schon Wochen und Monate vor dem Veranstaltungstermin Meldeschluss haben und Sie die Meldeunterlagen rechtzeitig einreichen müssen. Die notwendigen Formulare und Zulassungsvoraussetzungen erhalten Sie beim jeweiligen Dachverband. Wenn Sie an einer VDH- bzw. FCI-Ausstellung teilnehmen möchten, muss Ihr Hund auch eine in der FCI ausgestellte Ahnentafel besitzen, sonst wird er nicht zugelassen.

Auch den kompletten Impfschutz (SHPPLT) müssen Sie nachweisen. Bei Auslandsausstellungen ist noch ein zusätzliches Gesundheitszeugnis vorgeschrieben, das nicht älter als drei Tage und vom Tierarzt unterschrieben sein muss.

»Lorenzo Du Champagne«, Foto: Dr. Kinga Jekelfalussy.

Große Ausstellungen finden über mehrere Tage statt, erkundigen Sie sich also genau, wann die Klassen für die Französischen Bulldoggen an der Reihe sind.

Wichtig ist, dass Ihr Bully vor der ersten Ausstellung eine solide Grunderziehung besitzt und gut sozialisiert ist, da auch im Ring eine gewisse Ordnung herrschen muss. Ihr Hund sollte einen gepflegten Eindruck machen, das heißt, ihn falls nötig am Abend vorher zu baden und eine Ohrenreinigung vornehmen.

Zur Show benötigen Sie eine Decke, Wassernapf, Hundefutter, passende Leine und Halsband und natürlich den Impfausweis und die Meldepapiere. Dicke Lederhalsbänder oder Halsbänder mit Besatz aus Strasssteinchen sind

Foto: Nicola Poll.

eher ungeeignet, da die Richter so viel wie möglich vom Hund sehen wollen. Sie als Vorführer sollten vernünftig und elegant, aber nicht auffällig gekleidet sein, schließlich geht es um Ihren Hund und nicht um Sie. Schön ist es, wenn Ihre Kleidung von der Farbe her mit dem Hund harmoniert.

Läufige Hündinnen dürfen nicht ausgestellt werden, das gleiche gilt für kranke und lahmende Hunde. Auch aggressive Hunde werden von der Ausstellung ausgeschlossen, da sie die anderen nur gefährden würden.

Gewöhnen Sie Ihren Hund im Vorfeld daran, sich ohne Knurren auch von Fremden in den Fang fassen und die Zähne anschauen zu lassen, denn das wird der Richter auf der Ausstellung tun.

Auch wird er den Hund am ganzen Körper abtasten, was dieser sich gefallen lassen muss. Üben Sie mit ihm in Ruhe zuhause, vernünftig und ohne Ziehen an der Leine zu gehen und ein möglichst gleichmäßiges Tempo einzuhalten.

Kleine Hunderassen wie die Französische Bulldogge werden auf Ausstellungen zur besseren Begutachtung oft auf einen Tisch gestellt, auch das muss Ihr Hund kennen, damit er ruhig stehen bleibt und sich nicht etwa aus Angst hinlegt.

Üben Sie am besten zu zweit zuhause auf dem Küchentisch mit einer rutschfesten Decke und einer Belohnung in der Hand. Am besten fassen Sie mit einer Hand unter den Kopf und halten mit der anderen den Hund im hinteren Bauchbereich stehend hoch, sodass er wie eine Figur dasteht und geben Sie ein Kommando wie zum Beispiel »Steh«. Geben Sie ihm eine Belohnung, damit er diese Position mit etwas Schönem verbindet.

Sie und Ihr Bully werden auf Ihrer ersten Ausstellung natürlich aufgeregt sein, vor allem wird sich Ihre Nervosität auf den Hund übertragen. Das ist ganz normal! Atmen Sie tief durch und denken Sie daran, dass nur einer gewinnen kann. Wenn es beim ersten Mal noch nicht so geklappt hat, machen Sie sich nichts daraus - Sie beide lernen durch Erfahrung und werden bestimmt zu gegebener Zeit dafür belohnt!

EIN HEISSES EISEN: THEMA »QUALZUCHT«

Zum Thema Ausstellungen und Rassestandard gehören sicher auch ein paar kritische Worte zum heiß diskutierten Thema »Qualzucht«. Der Mensch hat in seinem Bestreben, bestimmten Hunderassen bestimmte äußere Merkmale anzuzüchten, nicht immer auf die Gesundheit und das Wohlbefinden der Hunde geachtet, sondern diese zugunsten von Äußerlichkeiten vernachlässigt. Vor einigen Jahren wurde ein so genannter Qualzuchtkatalog herausgegeben, in dem einige Rassen aufgeführt sind, die aufgrund ihrer körperlichen, zum Teil in den Rassestandards geforderten Merkmalen gesundheitliche Schädigungen aufweisen. Auch die Französische Bulldogge ist darunter vertreten.

Das Ausstellen von Hunden kann zu einem sehr vereinnahmenden Hobby werden.

Die Probleme des Bullys sind unter anderem eine zu kurze Nase, die insbesondere in Verbindung mit einem zu langen Gaumensegel zu Atemproblemen führt und den Hund so empfindlich gegen Hitze macht. Auch das als rassetypisch bezeichnete starke Schnarchen hat hier seine Ursache.

Die starke Faltenbildung im Gesicht führt oft zu ständigen Hautentzündungen, da sich in den Falten Keime einnisten.

Die bei der Französichen Bulldogge verlangte kurze Knick- oder Korkenzieherrute verursacht leider oft Verkrüppelungen der Wirbelsäule. So können zum Beispiel als angeborener Defekt so genannte Keilwirbel auftreten, das sind keilförmig umgestaltete Rückenwirbel, die zu einer Verkrümmung der Wirbelsäule führen.

Auch die Körperform mit dem geforderten großen Kopf ist zu überdenken - übertreibt man diese Forderung und kombiniert sie auch noch mit einem engen Becken, führt sie schließlich bei vielen Hündinnen zu massiven Geburtschwierigkeiten, sodass die Welpen nur noch per Kaiserschnitt zur Welt kommen können. Leider ist das bei der Französischen Bulldogge sehr häufig der Fall.

Um von einer solchen Extremzucht wieder auf ein vernünftiges Maß zurückzufinden, sind die Züchter, Zuchtverbände und Richter gefordert, den Rassestandard nicht im Hinblick auf übertriebene Schönheitsideale fest- oder auszulegen, sondern viel stärker die gesundheitlichen Merkmale in den Vordergrund zu stellen. Nur so kann die Gesundheit und Vitalität der Rasse langfristig erhalten und verhindert werden, dass vielleicht sogar eines Tages ein tierschützerisch begründetes Zuchtverbot ausgesprochen wird.

Leider werden aber immer wieder auf Ausstellungen die Hunde am höchsten bewertet, bei denen die Rassemerkmale am deutlichsten bzw. extremsten vorhanden sind. Und das sind nicht unbedingt die gesündesten Hunde! Hier eine gesunde Mischung herauszufinden, bedarf viel Feingefühl von Seiten des Züchters.

Ein weiterer wichtiger Punkt wären die Gesundheitsuntersuchungen seitens der Verbände vor einer Zuchtzulassung. So gehört leider heute die so wichtige Röntgenuntersuchung der Wirbelsäule auf eventuell vorhandene Keilwirbel noch nicht bei allen Zuchtverbänden zum Standardprogramm.

Auch die Frage der Farbvarianten wäre sicher überdenkenswert, denn es ist doch schade, wenn ein gesunder Hund aus der Zucht ausgeschlossen wird, nur weil er die falsche Fellfarbe hat. Die genetische Vielfalt der Rasse wird damit auf jeden Fall nicht gefördert.

Ein gutes Beispiel dafür, dass es allein durch sorgfältige Zuchtauswahl innerhalb einer Rasse möglich ist, wieder zu gesünderen und leistungsfähigeren Hunden zurückzufinden, liefert uns eine Schweizer Züchterin von

KLASSENEINTEILUNGEN UND BEWERTUNGSSCHEMA BEI DER AUSSTELLUNG

Jüngstenklasse (Puppy Class): 6 - 9 Monate

Beurteilung: Vielversprechend (VV)
Versprechend (Vsp)
Wenig versprechend (Wv)

Jugendklasse (Youth Class): 9 - 18 Monate

Beurteilung: Vorzüglich (V)
Sehr gut (SG)
Gut (G)
Genügend (Ggd)
Disqualifiziert (Disq)

Offene Klasse (Open Class): ab 15 Monate

Beurteilung: Vorzüglich (V)
Sehr gut (SG)
Gut (G)
Genügend (Ggd)
Disqualifiziert (Disq)

Championklasse mit Championtitel: ab 15 Monate

Beurteilung: Vorzüglich (V)
Sehr gut (SG)
Gut (G)

BOB: Am Tag der Ausstellung tritt der beste Rüde seiner Rasse gegen die beste Hündin seiner Rasse an. Der Gewinner bekommt den begehrten Titel »BOB« - »Best of Breed« (Bester seiner Rasse.)

Englischen Bulldoggen, Frau Imelda Angehrn. Diese Rasse hatte zeitweise in sehr extremem Ausmaß mit Kurzatmigkeit, Fehlstellungen der Kiefer, Problemen des Bewegungsapparates und Kurzatmigkeit zu tun. Heute gibt es zum Glück wieder mehr Bestrebungen in Richtung Gesundheit.

Auch der Rassestandard der Französischen Bulldogge sollte nach den heutigen Erkenntnissen eigentlich in einigen Punkten ergänzt bzw. etwas gelockert werden. Hoffen wir, dass in Zukunft sich mehr Züchter und Verantwortliche Gedanken um Gesundheit und Langlebigkeit der Rasse machen.

Aus alledem soll aber nicht der Eindruck entstehen, bei der Französischen Bulldogge handele es sich um eine durch und durch kranke, degenerierte Rasse. Das ist natürlich nicht der Fall und Sie können davon ausgehen, dass Welpen, die Sie bei einem verantwortungsvollen Züchter erwerben, auch gesund sind.

Bereiten Sie Ihren Hund auf den Ausstellungsring vor - er muss korrekt stehen können und daran gewöhnt sein, sich gründlich untersuchen zu lassen.

»Nik Dukat Junior« Foto: Nicola Poll.

GLOSSAR VON FACHBEGRIFFEN

Lay back (engl.): Der Lay back ist die Linie die bei Seitenansicht vom Unterkiefer bis zur Nase entsteht.

Chien grignard (frz.): Dieses Fachwort bedeutet, dass der Hund bei geschlossenem Fang sichtbare Zähne zeigt, wörtlich übersetzt »grinsender Hund«.

Chien begu (frz.): Ist der Unterkiefer zu kurz, hat der betreffende Hund die unteren Schneidezähne hinter den oberen stehen. Man nennt dies auch »Rückbiss« oder »Hinterbeißer«.

Roach back (engl.): Von der Mitte des Rückens ansteigende Rückenlinie, zur Rute dann wieder abfallend auch Karpfenrücken genannt. Bei der Französischen Bulldogge erwünscht.

Fauve (frz.) bzw. Fawn (engl.): Falbe, d.h. hellbraune Farbe mit schwarzer Maske, von Milchkaffee bis Rotbraun.

Fledermausohren: Erwünschte Ohrenform bei der Französischen Bulldogge, aufrecht stehend im Ansatz breit und nach oben verjüngend in runder Form.

Kalbsohren: Zu weit auseinander getragene Ohren und zu tief an gesetzt am Schädel.

Forellentupfer: Bei weißen oder hellen Hunden im Haarkleid dunkle Pigmentflecke in kleiner Form.

Afterkralle: An den Hinterpfoten fünf Krallen statt vier, auch Wolfskralle genannt, schwerer Fehler.

Vorbiss: Vom Rassestandard vorgeschriebene Kieferform, die Zähne des Unterkiefers müssen vor denen des Oberkiefers stehen.

Korkenzieherrute: Kommaförmige Rutenform, gekrümmte Formbildung unregelmäßiger, verwachsener Schwanzwirbel. Englisch »screw tail«.

Knotenrute: Knotenartige kurze Form von Schwanzwirbeln.

Rattenrute: Lange, abwärtsgetragene gerade Rutenform, bei der Französischen Bulldogge unerwünscht.

Brindle (engl.): Gestromte (d.h. gestreifte) Fellfarbe.

Caille (frz.): Farbbezeichnung für fauvegestromte Hunde mit mittlerer Weißscheckung.

7 Vom Züchten

Wer züchten möchte, sollte sich darüber im Klaren sein, dass man mit einer wirklich seriösen Hundezucht kaum Geld verdienen kann, auch wenn viele Menschen das immer noch glauben. Bis man einen vernünftigen Zuchtrüden oder eine Zuchthündin aufgebaut hat, vergehen oft Jahre. Auch die Kosten für das Züchten sind nicht unerheblich, weil Tierarztkosten, Futter, Deckgebühren, Zuchtwart, Gebühren für Ahnentafeln usw. schon im Vorfeld fällig werden und zum Teil enorm hoch sind.

Die Hunde, mit denen Sie züchten möchten, müssen auch auf den Ausstellungen mindestens mit »sehr gut« bewertet sein. Wer mit Hunden züchtet, die nicht voll dem Rassestandard entsprechen, trägt nicht zur Verbesserung der Rasse bei - er züchtet nicht, sondern er vermehrt.

Jeder Züchter muss außerdem zumindest solide Grundkenntnisse der Genetik, der Lehre von den Gesetzmäßigkeiten der Vererbung, haben, damit er seine Zucht wirklich planen kann und nicht etwa dem Zufall überlässt. Dazu gehört auch, sich genau über die Eltern und Großeltern und möglichst noch weitere Generationen der Hunde zu informieren, mit denen man züchten will, denn Fehler, Defekte und unerwünschte Eigenschaften können manchmal eine oder mehrere Generationen überspringen (sie sind dann zwar im Erbmaterial der Hunde vorhanden, aber nach außen nicht sichtbar), bevor sie wieder offen zutage treten. Die Zucht ist also eine echte Lebensaufgabe, der man sich mit Herz und Verstand widmen muss!

VORBEREITUNGEN

Sie haben sich wirklich entschlossen zu züchten und die damit verbundenen Vorbereitungen getroffen? Dann sollten Sie sich um die notwendige Anmeldung des Zwingers bei Ihrem Verein und die Anmeldung des Zwingernamens beim Dachverband, Abnahme durch den Zuchtwart und die Teilnahme an der Zuchttauglichkeits-Prüfung bemühen, da diese Dinge als Erstes erledigt werden müssen, bevor es zur Sache gehen kann Der Zwingername (z.B. »Französische Bulldoggen vom Wiesental«) wird registriert und ist dann geschützt, wird also kein zweites Mal vergeben. Ist die Bürokratie soweit erledigt, kommt die Zeit des Wartens bis zur Hitze Ihrer Hündin.

Prüfen Sie Ihren Entschluss gründlich, ehe Sie die Herausforderung der Zucht von Französischen Bulldoggen annehmen. Foto: Nicola Poll.

Bei der Auswahl Ihres Deckrüden sollten Sie einige Dinge beachten. Der Rüde sollte nicht mit Ihrer Hündin verwandt sein, da Inzucht nicht oder nur teilweise erlaubt ist. Es gibt Züchter, die die Inzucht befürworten, weil man damit innerhalb kurzer Zeit bestimmte erwünschte Merkmale gut festigen kann. Das erfordert aber sehr viel Kenntnis und Fingerspitzengefühl, da mit der Inzucht auch ernsthafte Gefahren verbunden sind. Durch die Dopplung der Gene ist auch das Auftreten von unerwünschten Merkmalen oder Erbkrankheiten viel wahrscheinlicher, bei starker Inzucht kommt es schließlich zur so genannten Inzuchtdepression, einer generellen Schwäche der Nachkommen. Sie äußert sich in schlechter Konstitution, hoher Krankheitsanfälligkeit und mangelnder Fruchtbarkeit. Als Anfänger sollte man von der Inzucht lieber die Finger lassen.

Wichtig ist auch die Farbwahl, bei zu hellen Hunden (Schecken) können bei der Verpaarung Albinos oder taube Welpen zur Welt kommen, da der Merlefaktor zu stark ausgeprägt ist. Am besten haben sich die Kombinationen gestromt mit Schecke oder gestromt mit Fawn erwiesen. Bei der Hündin ist außerdem zu beachten, dass sie nicht zu jung sein sollte (mindestens achtzehn Monate), damit die Wachstumsphase und die Entwicklung abgeschlossen sind.

Einen Tag alt!

Foto: Els und Fred de Bie.

DIE HITZE

Die erste Hitze tritt zwischen dem 6. und 12. Lebensmonat auf, das ist aber von Hündin zu Hündin unterschiedlich. Sie bemerken es am Anschwellen der Schamlippen und an leichten bis starken Blutungen der Hündin. Die Hündin wird sich verstärkt lecken, viele sind vom Wesen auch etwas gereizt. Die meisten Hündinnen haben ihre Standhitze (Deckbereitschaft) zwischen dem 12. und 18. Tag der Hitze, dies kann sich aber nach vorn bzw. nach hinten verschieben, da gerade bei jungen Hündinnen die Hitze noch nicht regelmäßig kommt. Die Deckbereitschaft erkennen Sie daran, dass die Hündin beim Zusammentreffen mit Artgenossen ihr Hinterteil hebt und in Position bringt, außerdem haben die Blutungen zu diesem Zeitpunkt ihre Farbe zu gelblich bis fast klar verändert.

DER DECKTERMIN

Ist der Tag gekommen, an dem die Hündin deckbereit ist, fahren Sie mit ihr zum Deckrüden. Bleiben Sie möglichst ruhig, auch wenn Sie aufgeregt sind! Sind Sie dort angekommen, werden beide Tiere zusammengeführt, sollte es nicht sofort klappen, haben Sie etwas Geduld.

Ist der Rüde einmal aufgeritten und in die Hündin eingedrungen, wird er sich nach kurzer Zeit drehen und beide Hunde stehen Hinterteil an Hinterteil. Diese Phase, bei der die Hunde noch ein ganze Weile miteinander verbunden bleiben und die von wenigen Augenblicken bis zu einer halben Stunde dauern kann, nennt man das »Hängen«. Bitte bleiben Sie bei diesem Vorgang dabei und beruhigen Sie die Tiere, da manche Hündinnen, wenn sie zum ersten Mal gedeckt werden, versuchen sich loszureißen, was bei dem Rüden zu schweren Verletzungen im Genitalbereich führen kann. Nach einer Weile lösen sich die Hunde voneinander. Loben Sie Ihre Hunde für die Arbeit, damit sich die Tiere wieder beruhigen. Mit dem Deckrüden-Besitzer regeln sie die Decktaxe und die Formalitäten für das Zuchtbuchamt.

Ab der fünften Woche kann der Tierarzt mittels Abtasten oder Ultraschall eine Trächtigkeitsuntersuchung vornehmen. Ab der 7. Woche kann man auf einem Röntgenbild die Skelette der Welpen sehen und ab der 9. Woche mit einem Stethoskop ihre Herztöne hören.

Vom Decken bis zur Geburt dauert es etwa 61 - 65 Tage, je nach Wurfgröße kann es aber auch ein paar Tage früher oder später soweit sein. Im Vorhinein sollten Sie eine Wurfkiste bauen, an die Sie Ihre Hündin frühzeitig gewöhnen. Sprechen Sie mit Ihrem Tierarzt ab, dass er im vermuteten Zeitraum der Geburt Tag und Nacht für Sie erreichbar ist. Bis kurz vor der Geburt steigern Sie langsam die Qualität des Futters, aber bitte nicht die Menge ins Bodenlose! Das gleiche gilt bei der Bewegung, solange Ihre Hündin fit ist, kann sie wie gewohnt spazieren gehen. Es kann sein, dass Ihre Hündin in der Endphase der Schwangerschaft anschmiegsamer wird und weniger frisst, dies ist aber eine normale Reaktion. Beobachten Sie Ihre Hündin sehr intensiv, was bedeuten kann, dass Sie in den letzten Tagen auf einigen Schlaf verzichten müssen.

Mit einer Küchenwaage sollte regelmäßig das Gewicht der Welpen überprüft werden.

DIE GEBURT

Ihre Hündin wird sich durch Hecheln und aufgeregtes Benehmen bemerkbar machen und versuchen, Kissen und Decken zusammenzuscharren, um ein Nest zu bauen. Manchmal bemerkt man, dass aus der Scheide ein Schleimpfropfen herauskommt. Achten Sie darauf, dass Ihre Hündin zum Werfen genügend Ruhe hat, am besten in einem separaten Raum.

Wenn der erste Welpe in der Scheide der Hündin erscheint, ist er noch in die Fruchtblase gehüllt. Die Hündin beißt sie auf, falls sie noch nicht von alleine aufgeplatzt ist. Sollte es dabei Schwierigkeiten geben, müssen Sie die Fruchtblase mit den Fingern aufreißen und die Atemwege des Welpen von Schleim und Flüssigkeit freiwischen, da er sonst erstickt. Beim Durchbeißen der Nabelschnur sind Bullymütter durch den Vorbiss teilweise etwas ungeschickt, helfen Sie ihr also, indem Sie die Nabelschnur mit einer desinfizierten Nagelschere abtrennen. Lassen Sie aber etwa einen Zentimeter Nabelschnur übrig, dieses Stück trocknet und fällt von alleine ab. Je nach Hündin kann es bis zum zweiten Welpen etwas dauern, aber nicht länger als 2 - 3 Stunden. Wenn Sie unsicher sind, sprechen Sie mit ihren Tierarzt. Anzeichen für Schwierigkeiten sind länger anhaltende Wehen, ohne dass es zur Geburt eines Welpen kommt. Leider kommt es bei Französischen Bulldoggen durch den großen Kopf der Welpen hin und wieder zu Geburtsschwierigkeiten. Rufen Sie im Zweifelsfall immer Ihren Tierarzt an, damit der entscheiden kann, ob eventuell ein Kaiserschnitt nötig ist. Ist der erste Welpe aber erst einmal geboren, kommen meist die anderen auch problemlos.

Ist der Geburtsvorgang abgeschlossen und der letzte Welpe geboren, prüfen Sie nach, ob alle Welpen gesund sind und trinken. Notieren Sie sich das Geburtsgewicht jedes einzelnen und besondere Merkmale (z.B. Fellfarbe und Abzeichen).

Säubern Sie das Lager und stellen Sie sicher, dass die Welpen warm und kuschelig untergebracht sind. Zugluft darf auf keinen Fall sein! Eine zusätzliche Wärmelampe ist eine gute Idee, sie darf aber nicht zu dicht über der Kiste hängen, damit sie nicht zu heiß wird. Richtig ist eine Temperatur von etwa 30 Grad während der ersten Tage.

Beobachten Sie Ihre Hündin in den nächsten Stunden und Tagen gut, da es hin und wieder vorkommt, dass sie sich versehentlich auf einen Welpen legt und diesen erdrückt. Aus diesem Grund ist es auch ganz wichtig, dass die Wurfkiste groß genug ist. Messen Sie täglich die Körpertemperatur der Hündin, damit Sie eventuelles Fieber rechtzeitig bemerken. Sehr ratsam ist es, das Gesäuge der Hündin täglich auf Rötung, Schwellung, Verhärtung oder Schmerzen hin zu kontrollieren, um eine Mastitis (Gesäugeentzündung) frühzeitig zu entdecken.

Auch wenn die Aufzucht eines Wurfes große innere Befriedigung verschafft, sollte nur der erfahrene Hundebesitzer züchten. Foto: de Bie.

Ihr Tierarzt wird Sie beraten, ob zusätzliche Mittel wie Calcium benötigt werden, damit die Welpenmutter keine Mangelerscheinungen wie z.B. die gefürchtete Eklampsie (Milchfieber) bekommt. Diese Erkrankung macht sich durch plötzliches starkes Zittern und Zucken sowie erhöhte Körpertemperatur der Hündin bemerkbar und kann tödlich sein.

Das höchste Gebot sollte Sauberkeit sein, damit die Welpen sich keine Infektionen holen. Ihre Abwehrkräfte sind noch nicht stark, obwohl sie mit der ersten Milch (der so genannten Kolostralmilch) von der Mutter Antikörper mitbekommen haben. Während der ersten Wochen sollten Sie deshalb auch keine Fremden zu den Welpen lassen, sich die Hände waschen und die Kleidung wechseln, wenn Sie vorher mit anderen Hunden Kontakt hatten.

DIE AUFZUCHT

Nach der Geburt wird sich die Hündin intensiv um die Welpen kümmern, vermeiden Sie unnötigen Stress für beide. Achten Sie auf genügend hochwertiges Futter für die Hündin, das aber leicht verdaulich sein sollte. Machen Sie sich keine Sorgen, wenn Ihre Hündin am ersten Tag nach dem Werfen noch nichts frisst - sie ist einfach noch zu sehr mit ihren Welpen beschäftigt! Bei Bedarf gibt ihr der Tierarzt noch Aufbaupräparate, denn in der Saugphase muss sie gut versorgt sein.

Ab der zweiten Woche beginnen Sie mit der ersten Wurmkur für Welpen und Muttertier, diese wird in regelmäßigen Abständen wiederholt (siehe Seite 32).

GEWICHTSENTWICKLUNG
bei Welpen von der Geburt bis zur 4. Lebenswoche

Geburt:	mindestens 140 g - maximal 300 g
1. Woche	mindestens 350 g - maximal 700 g
2. Woche	mindestens 600 g - maximal 1200 g
3. Woche	mindestens 800 g - maximal 1600 g
4. Woche	mindestens 1000 g - maximal 2000 g

GEWICHTSENTWICKLUNG
ab dem 1. Monat bis zum erwachsenen Tier

1. Monat	1 - 2 kg
2. Monat	2 - 4 kg
3. Monat	4 - 6 kg
4. Monat	5 - 7 kg
5. Monat	6 - 8 kg
6. Monat	7 - 9 kg
7. Monat	8 - 10 kg
8. Monat	9 - 12 kg
Erwachsen:	8 - 15 kg

Das Gewicht variiert bei Französischen Bulldoggen je nach Geschlecht und Typus zwischen 8 und 15 kg. Wichtig ist, dass es in Harmonie mit dem gesamten Körper steht und die Ober- bzw- Untergrenzen nicht überschreitet.

Die typischen Fledermausohren kippen anfangs noch vornüber und stellen sich erst später auf.

DIE WELPEN

Haben die Welpen ein gewisses Alter erreicht, meldet sich der zuständige Zuchtwart an, um den Wurf zu begutachten und sich Notizen für das Zuchtbuchamt zu machen. Ab der 3. Woche können Sie mit leichter Beifütterung der Welpen anfangen, um sie in den darauf folgenden Wochen langsam auf Welpenfutter umzugewöhnen. Zwischen der 7. und 10. Woche wird sich nochmals der Zuchtwart ankündigen und die Welpen mittels Chip oder Tätowierung kennzeichnen, damit die Nummer auf der Ahnentafel eingetragen werden kann. Sie als Züchter haben die Aufgabe, die Welpen zwischen der 7. und 12. Woche dem Tierarzt zum Impfen vorzustellen (siehe Impfplan auf Seite 32).

Ab etwa der siebten Woche können sich auch die ersten Welpenkäufer anmelden, um ihren Bully auszusuchen. Abgeben können Sie die Kleinen etwa ab der zehnten Woche. Der Abschied von den kleinen Wichten fällt dann erfahrungsgemäß sehr schwer! Denken Sie daran, den Käufern alle wichtigen Unterlagen und Informationen über die bisherige Fütterung, Entwurmung etc. mitzugeben.

Da im Rahmen dieses Büchleins das Thema Zucht nur in groben Zügen angeschnitten werden kann, empfiehlt sich unbedingt das Studium weiterer Fachliteratur!

8 Gesundheitsfürsorge

Eine vernünftige Haltung, Bewegung und Ernährung sind, wie bei jedem Lebewesen, natürlich die beste Gesundheitsvorsorge.

Damit Sie Krankheiten und Störungen des Allgemeinbefindens rechtzeitig erkennen, müssen Sie zuerst einmal den Normalzustand kennen. Es lohnt sich deshalb, bei Ihrem gesunden Hund die Normalwerte von Körpertemperatur, Atem und Puls zu messen und zu notieren, weil sie von Hund zu Hund leicht variieren können. Außerdem üben Sie so gleich das Messen für den Ernstfall. Die Normalwerte für einen gesunden Hund sind:

Puls in Ruhe:	100 - 160 Schläge/Minute, bei Welpen im ersten halben Jahr bis 200 Schläge
Atemfrequenz:	10 - 30 Atemzüge/Minute (in Ruhe)
Körpertemperatur:	37,5 - 38,5 Grad Celsius beim erwachsenen Hund und beim Welpen in den ersten beiden Lebenswochen 34,5 - 36,0 Grad C.

Den Puls misst man mit aufgelegtem Zeige- und Mittelfinger auf der Oberschenkelarterie (Innenseite des Oberschenkels), den Atem durch Beobachten der Flanke oder Auflegen der Hand auf die Flanke. Sie müssen keine ganze Minute lang zählen, stoppen Sie während des Zählens einfach zehn Sekunden und multiplizieren den Wert dann mit sechs. Die Körpertemperatur wird mit einem mittels Vaseline oder etwas Speichel gleitfähig gemachten Fieberthermometer im After gemessen.

ERSTE HILFE

Die wichtigste Grundregel der Ersten Hilfe nach einem Unfall ist, die Atemwege des Hundes zu untersuchen und freizumachen, damit er nicht erstickt. Ziehen Sie dazu die Zunge seitlich aus dem Fang, bei Erbrechen müssen Sie Fang und Rachen säubern. Legen Sie den Hund auf die Seite und decken Sie ihn leicht ab, aber so, dass seine Atmung nicht behindert wird. Achten Sie

auf Puls und Atmung und schauen Sie sich die Innenseite der Lefzen an: Wenn sie ihre Farbe vom normalen Rosa zu sehr blass oder bläulich ändern, droht ein Kreislaufkollaps und schnelle tierärztliche Hilfe ist nötig. Bei stark blutenden Verletzungen sollten Sie versuchen, die Blutung durch einen Druckverband zu stoppen. Wenn man keine elastische Binde dabei hat, tut es auch ein Nylonstrumpf sehr gut, mit dem man ein sauberes und nicht fusselndes Stück Stoff fest auf der Wunde fixiert. Ein solcher Druckverband muss nach etwa zehn Minuten wieder etwas gelockert werden, weil man sonst das Körperteil abschnüren kann. Viele Tierarztpraxen und Tierkliniken veranstalten heute Erste-Hilfe-Kurse für Hunde, in denen man das richtige Anlegen von Verbänden und sonstige Erste-Hilfe-Maßnahmen lernen kann. So etwas ist sehr sinnvoll investierte Zeit und kann Ihrem Hund vielleicht irgendwann das Leben retten.

KENNZEICHNUNG MIT MIKROCHIP

Falls Ihr Hund nicht schon als Welpe einen Mikrochip erhalten hat, sollten Sie das nachholen, weil Sie so die Nummer des Chips beim Haustierzentralregister eintragen lassen können. Sollte Ihr Bully Ihnen einmal abhanden kommen, kann jeder Tierarzt und jedes Tierheim ihn mit einem speziellen Lesegerät identifizieren und Sie benachrichtigen. Der Chip wird in einer schmerzlosen Behandlung vom Tierarzt mit einer Kanüle in die linke Hals- oder Schultermuskulatur injiziert. Die Kennzeichnung mit Mikrochip ist sicherer als die mit Tätowierung, weil die Nummern mit der Zeit unleserlich werden können.

DRINGENDE NOTFÄLLE

In folgenden Fällen muss der Tierarzt so schnell wie möglich aufgesucht werden:

- Insektenstich im Rachenbereich (Erstickungsgefahr)
- Starke Blutungen (es droht Kreislaufversagen)
- Hitzschlag (Kreislaufzusammenbruch, Herzstillstand)
- Hohes Fieber
- Vergiftungen jeder Art
- Ständiges Trinken, besonders bei Hündinnen (Verdacht auf Gebärmutterentzündung)

Bullys sind hitzeempfindlich und dürfen niemals längere Zeit der Sonne ausgesetzt werden.

- Nach jedem Autounfall (es können innere Verletzungen vorliegen, die nicht auf den ersten Blick sichtbar sind)
- Verletzungen am Auge (Bullys sind durch ihre großen, hervortretenden Augen leider besonders anfällig für Augenverletzungen)
- Alle Geburtsschwierigkeiten
- Länger anhaltendes Erbrechen und/oder länger anhaltender Durchfall sowie bei jeder plötzlich einsetzenden ungewöhnlichen starken Veränderung des Allgemeinbefindens

ERKRANKUNGEN

Bindehautentzündung

Die durch verschiedene Reizungen (Staub, Zugluft, Infektion etc.) hervorgerufene Entzündung der Augenbindehaut äußert sich durch Rötung, tränen und Schwellung der Augenlider. Der Hund sollte auf jeden Fall dem Tierarzt gezeigt werden, da Französische Bulldoggen sehr empfindliche Augen haben, an denen leicht Schäden zurückbleiben können. Der Tierarzt verschreibt Tropfen oder Salben.

Nickhautdrüsen-Vorfall

Sie äußert sich in Form einer leicht rötlich gefüllten, hervortretenden Blase im Augeninnenwinkel und kommt bei Bulldoggen aufgrund der größeren Augenform häufiger vor. Man kann die Blase vorsichtig zurückdrücken, wenn Sie sich das nicht zutrauen, gehen Sie zum Tierarzt.

Hautpilze (Mykosen)
Hautpilz äußert sich durch flächenartigen oder kreisrunden Haarausfall mit oder ohne Juckreiz. Der Tierarzt nimmt zur genauen Bestimmung eine Haar- oder Hautprobe und verschreibt eine Salbe. Hautpilz ist ansteckend.

Durchfall
Dieser kann durch Futterwechsel, Aufregung, zu viel Futter oder durch Infektionen entstehen. Gelegentlicher Durchfall ist nicht bedenklich, zum Alarmsignal wird er, wenn er länger als drei Tage anhält, da der Hund dann austrocknen kann. Bei harmlosem Durchfall hilft oft ein Tag Fasten mit viel Trinken, wenn das Problem weiter besteht, sollten Sie zum Tierarzt gehen.

Leberentzündung (H.c.c.)
Diese durch Viren übertragene, hoch ansteckende Lebererkrankung ist gerade bei Welpen, deren Impfungen noch nicht abgeschlossen sind, oft tödlich. Sie entsteht durch direkten oder indirekten Kontakt (z.B. über Schuhe oder Kleidung) mit erkrankten Tieren. Die Hunde zeigen hohes Fieber, Krämpfe und Erbrechen.

Gebärmutterentzündung (Pyometra)
Bei Hündinnen besteht die Gefahr einer Entzündung der Gebärmutter, die sich durch übermäßiges Trinken, Fieber und mitunter Futterverweigerung bemerkbar macht. Ein übel riechender eitriger Ausfluss aus der Scheide kann sichtbar sein, muss aber nicht. Bei Verdacht muss die Hündin umgehend zum Tierarzt, da die Erkrankung tödlich sein kann.

Hitzschlag
Hunderassen mit kurzen Nasen sind besonders empfindlich gegen Hitze. Überhitzung macht sich durch starkes Hecheln und Benommenheit des Tieres bemerkbar. Der Hund muss schnell in den Schatten und mit kaltem Wasser, nassen Tüchern oder Eisbeuteln gekühlt werden, genügend Wasserzufuhr und Ruhe sind wichtig. Erholt sich der Kreislauf nicht wieder schnell (blasse oder bläuliche Schleimhäute, schneller, aber nur schwach fühlbarer Puls, hohe Atemfrequenz, erhöhte Körpertemperatur bis 42 Grad) muss der Hund schnellstmöglich zum Tierarzt und Infusionen bekommen.

Insektenstiche
Wenn Sie bemerkt haben, dass Ihr Bully gestochen wurde, versuchen Sie möglichst den Stachel zu entfernen und die Stelle zu kühlen. Sollten Sie ein verändertes, ungewohntes Verhalten Ihres Hundes nach dem Stich bemer-

ken, bringen Sie ihn sofort zum Tierarzt, da es sich um eine allergische Reaktion auf das Insektengift handeln könnte. Sie kann zu einer Schockreaktion mit Atemstillstand führen! Stiche in Fang und Rachen sind genau wie beim Menschen immer ein dringender Notfall, der schnellstmöglich vom Tierarzt versorgt werden muss.

Vergiftungen
Vergiftungen mit Insekten- oder Unkrautvernichtungsmitteln, Pflanzen- oder Holzschutzmitteln, Schneckenkorn, Ratten- oder Mäusegift sind besonders gefährlich und häufig.

Achten Sie immer darauf, dass Ihr Hund nicht an solche Substanzen herankommt, auch nicht beim Nachbarn im Garten. Vorsicht bei Spaziergängen an Orten, an denen Mäuse- oder Rattengift ausliegen könnte (z.B. Tiefgaragen, in und um alte Fabriken, in der Nähe von Müllcontainern, in und um landwirtschaftliche Gebäuden etc.). Halten Sie Ihren Hund im Zweifelsfall an der Leine! Vorsicht auch in fremden Gärten (Schneckenkorn, Unkrautvernichter, Kunstdünger ...).

Die Anzeichen für eine Vergiftung können sehr unterschiedlich sein und reichen von Durchfall und Erbrechen über Atemnot oder Speicheln bis hin zu Zittern, Lähmungen und Gleichgewichtsstörungen.

In jedem Fall so schnell wie möglich zum Tierarzt und wenn Sie gesehen haben, was der Hund gefressen hat, eine Probe davon oder am besten die ganze Packung mitnehmen. Wenn Sie sehen, dass Ihr Hund etwas Giftiges (z.B. Rattengift) frisst, versuchen Sie, ihn sofort mit einer Mischung von drei Teelöffeln Salz auf eine Tasse Wasser zum Erbrechen zu bringen und dann ab zum Tierarzt.

Äußerliche Verletzungen
Kleine Wunden können Sie desinfizieren und mit Wundsalbe behandeln, größere Verletzungen decken Sie nur keimfrei ab und bringen den Hund zum

Tierarzt. Keine Desinfektionsmittel in tiefe Wunden (z.B. Schnittwunden) einbringen, weil der Tierarzt sonst nicht mehr nähen kann und das Desinfektionsmittel außerdem das Wundbild verändert, sodass der Tierarzt sich schlechter einen Überblick verschaffen kann.

Verdacht auf innere Verletzungen oder Brüche
Sofort zum Tierarzt, bei Bedarf den Arzt ins Haus kommen lassen und den Hund nicht transportieren, um weitere Schädigungen zu vermeiden.

Fremdkörper in den Atemwegen
Plötzliche heftige Niesanfälle, Nasenausfluss, plötzliches heftiges Husten und Würgen, Atemnot oder bläuliche Schleimhäute können darauf hinweisen, dass Ihr Hund einen Fremdkörper in den Atemwegen sitzen hat. Oft sind das Holz- oder Knochensplitter, aber auch Kiefernnadeln, Getreideähren, Grasspelzen oder Fischgräten. Ziehen Sie Ihrem Bully vorsichtig die Zunge vor und schauen Sie in seinen Rachen, den Sie mit einem Beißholz geöffnet halten. Aber auch wenn Sie den Fremdkörper mit Fingern oder Pinzette entfernen konnten, sollte der Hund danach dem Tierarzt gezeigt werden, damit er abklären kann, ob irgendwelche Schäden angerichtet wurden.

Das beliebte Spiel mit dem Stöckchen kann gefährlich werden: Nur zu leicht geraten Holzsplitter in Rachen, Luftöhre oder sogar Lunge und können bis zur Erstickung führen.

Parasitenbefall
Flöhe, Läuse oder Milben lassen sich durch verschiedene Mittel bekämpfen, die im Handel oder beim Tierarzt erhältlich sind. Wichtig ist, dass nicht nur der Hund behandelt wird, sondern auch seine Umgebung (Schlaf- und Ruheplätze, evtl. Sofa und Teppiche im Haus), da sich der Hund sonst sofort wieder neu ansteckt.

Zecken werden durch vorsichtiges Herausdrehen mit der Pinzette oder den Fingern entfernt. Die Zecke vorher nicht mit irgendwelchen Substanzen beträufeln, damit sie loslässt - sie sondert sonst noch mehr Speichel in die Bisswunde ab und damit möglicherweise auch mehr krankmachende Keime (z.B. den Erreger der Borreliose).

Analdrüsen
Neben dem Afterausgang befinden sich zwei mit Sekret gefüllte Drüsen, die bei manchen Hunden verstopfen. Ein typisches Zeichen dafür ist das »Schlittenfahren«, bei dem die Hunde mit dem Hinterteil über den Boden rutschen. Die Drüsen müssen dann vom Tierarzt ausgedrückt werden, um Entzündungen zu vermeiden. Wenn Ihr Hund öfter damit zu tun hat, kann der Tierarzt Ihnen zeigen, wie Sie die Analdrüsen selbst ausdrücken können. (Vorsicht - das Sekret darin stinkt furchtbar, Handschuhe tragen!)

Kastration
Hündinnen: Will man nicht unerhofft mit Welpen überrascht werden, bietet sich eine Kastration an, vor allem, wenn man seinen Hund nur als Familienmitglied halten möchte. Umherstreunende Rüden riechen eine läufige Hündin kilometerweit und finden oft selbst bei vorbildlich gesicherten Gärten und Höfen noch eine Möglichkeit, an sie heranzukommen. Um dies zu verhindern, bietet der Tierarzt zwei Möglichkeiten an, die Sterilisation oder Kastration. Beides sollte erst nach der ersten Hitze gemacht werden, Ihr Tierarzt berät Sie über den besten Zeitpunkt. Kastrierte Hündinnen können nicht mehr an Pyometra oder Gesäugetumoren erkranken, was ein großer Vorteil ist. Die Nachteile sind gering, gelegentlich kann es zur leichten Gewichtszunahme kommen, die man aber mit angepasster Fütterung gut in den Griff bekommen kann.
Rüden: Die Kastration verhindert, dass Ihr Rüde umherstreunt oder Sie ungewollt zur Rechenschaft gebeten werden. Sie bewirkt auch, dass er vom Wesen etwas ruhiger wird und später nicht an Hodenkrebs oder Prostataerkrankung leiden wird. Auch beim Rüden sollte die Kastration nicht zu früh vorgenommen werden, der Tierarzt berät sie. Kastrierte Rüden werden in der Regel etwas ruhiger und weniger aufsässig, was durchaus kein Nachteil sein muss.

ERBLICHE ERKRANKUNGEN/ANFÄLLIGKEITEN

Dies ist ein Kapitel, um das gerne herumgeredet wird. Meiner Meinung nach sollte man sich aber darüber im Klaren zu sein, dass auch die Französische Bulldogge davon nicht ganz verschont bleibt.

Die von mir aufgeführten Erbkrankheiten *können* auftreten, wobei sich aber jeder gute Züchter bemüht, sie durch gute Zuchtauswahl der Elterntiere zu verhindern. Es ist aber keinem Züchter möglich, eine 100%ige Garantie zu geben, da Erbkrankheiten auch noch nach vielen Generationen äußerlich gesund erscheinender Hunde durchkommen können. Dies sollte Sie aber nicht davon abhalten, sich einen Rassehund zu kaufen, sondern aufklären, dass bei der Rassezucht so etwas vorkommt, egal um welche Rasse es sich handelt.

Keilwirbel (Wirbelverformungen): Wirbelstücke die keilförmig gewachsen sind und auf die Rückennerven drücken, oder Verwucherungen zwischen den einzelnen Wirbelstücken, in leichten Fällen behandelbar, bei schwerer Form Lähmung des Hinterteils. Diagnose durch Röntgen.

Degenerative Bandscheibenerkrankungen: Sie zeigen sich leider erst im Alter von 6 bis 7 Jahren. Der Tierarzt sollte auch bei jungen Französischen Bulldoggen immer ein besonderes Auge darauf haben, damit Veränderungen frühzeitig erkannt werden.

Patellaluxation (Kniescheibenverrenkung): Die Kniescheibe (Patella) rutscht zeitweilig aus ihrer Position. Bei Bullys relativ häufig. Befunde Grad 1 bis Grad 4.

Fehlstellungen der Zähne und des Kiefers: Kommen gelegentlich vor.

Extrem übertriebene Brachycephalie: (Kurzköpfigkeit): Dadurch teilweise beschränkte Atemkapazität, besonders wenn noch das Gaumensegel zu lang ist, zu kleine Nasenlöcher, starkes Schnarchen, Kreislaufgefährdung bei großer Hitze und Narkose. Dies ist eigentlich keine Erkrankung, sondern ein Ergebnis extremer Forderungen des Rassestandards, sollte aber im Zusammenhang mit erblichen Anfälligkeiten trotzdem erwähnt werden.

Exophthalmus: (Quellaugen): Manche Exemplare haben zu große Augen, wodurch es schneller zu Augenverletzungen kommt. In schweren Fällen Vorfall des Augapfels.

HD (Dysplasie der Hüftgelenke): Der Kopf des Oberschenkelknochens passt nicht richtig in die Pfanne des Hüftgelenkes, wodurch später Abnutzungserscheinungen des Gelenkes (z.B. Arthrose) entstehen. Von HD sind besonders große Hunderassen betroffen, bei der Französischen Bulldogge ist sie eher selten. Die Diagnose wird durch Röntgen gestellt.

Hautfaltendermatitis: Die Haut in den Gesichtsfalten ist bei Bullys besonders anfällig für Entzündungen und Juckreiz. Sie muss deshalb täglich kontrolliert werden.

ABSCHIED VON IHREM BULLY

Mit etwa 10 bis 12 Jahren machen sich die ersten Anzeichen dafür bemerkbar, dass es langsam zu Ende geht. Machen Sie sich rechtzeitig Gedanken, wie Sie Ihrem treuen Freund den Abschied so angenehm wie möglich machen können. Vielleicht haben Sie das Glück, dass er irgendwann friedlich bei Ihnen zuhause einschläft.

Leider ist das meistens nicht der Fall und viele Hunde leiden im Alter unter Erkrankungen, die ihnen große Schmerzen bereiten. Wenn sie zu groß werden und Ihr Hund sehr leidet, sollten Sie den Tierarzt bitten, ihn bei sich zuhause in gewohnter Umgebung einzuschläfern. Bleiben Sie bitte bis zum Schluss bei ihm, er vertraut Ihnen und Sie sind es ihm schuldig, ihn jetzt nicht allein zu lassen. Das Einschläfern ist schmerzlos für den Hund und er wird einfach in Ihren Armen einschlafen.

Nützliche Adressen

FCI Fédération Cynologique
Internationale
Place Albert 1er ,13
B-6530 Thuin
www.fci.be
Tel.: 0032 71 59 12 38

VDH Verband für das Deutsche
Hundewesen e.V.
Postfach 104154
D-44041 Dortmund
Tel.: 0231 565000
www.vdh.de

Internationaler Klub für Französische
Bulldoggen e.V. (im VDH)
Geschäftsstelle
Böckenbergstraße 10
D-44807 Bochum
www.ikfb.de

Schweizerischer Klub für Französische
Bulldoggen
Carl-Spitteler-Str. 4
CH-4142 Münchenstein
www.suisse-bully.ch

Österreichischer Club für Französische
Bulldoggen
Elisabeth Pramer
(Welpenvermittlung)
Stiftsgasse 15
A-1070 Wien
Tel. 0043 - (0)1 -526 19 26
http://members.chello.at/hannes.pramer/oecfb/

HBC Hollandse Bulldoggen Club
Kynologische Zaken: Fred de Bie
Weefmeesterstraat 15
NL-5046 TDTilburg
Tel: 0031-13-5424268
ww.hbc-fransebulldog.nl

Koninklijke Belgische Club van de
Franse Bulldog (K.B.K.F.B)
Ingrid Verheyden
Leuvense Steenweg 643
B-2812 Muizen
Tel.: 032 - 15- 42 36 49
Website: www.fransebulldog.be

Club du Bouledogue Francais
»Bonnet«
F-49490 Lasse
Tel.: 0033-2-41822207
www.cbf-asso.org

French Bulldog Club of England
(FBCE)
Ms. Penny Rankine-Parsons
18 High Street
Pobertsbridge, East Sussex, TN325AE
England
Tel: 0044(0)1580881043
www.frenchbulldogclubofengland.org

The French Bulldog Club of America
http://www.frenchbulldogclub.org

French Bulldog Club of Finland
Noora Ihalainen
Knoppatie 4A6
FIN-01390 Vantaa
Tel 00358 -40-5298734
www.toydogs.net/rb/english/

Fransk Bulldogg Klub Schweden
(FBK)
Tel.: 0046-42-133656
http://hem.passagen.se/fbksverige/?noframes

French Bulldog Club of Czech
Republic
(KFB)
E. Lojka
CZ-Praha 4
Tel.: 0042 2 792 3075